清华国学人物小传

哲学人物

陈 来 主编
高海波 赵金刚 副主编

清华大学出版社
北京

版权所有，侵权必究。举报：010-62782989，beiqinquan@tup.tsinghua.edu.cn。

图书在版编目(CIP)数据

清华国学人物小传. 哲学人物 / 陈来主编. -- 北京：清华大学出版社, 2024.8. -- ISBN 978-7-302-66673-8

Ⅰ. K825

中国国家版本馆CIP数据核字第2024T5D842号

责任编辑：梁　斐
封面设计：傅瑞学
责任校对：薄军霞
责任印制：曹婉颖

出版发行：清华大学出版社
　　　　　网　　址：https://www.tup.com.cn, https://www.wqxuetang.com
　　　　　地　　址：北京清华大学学研大厦A座　邮　编：100084
　　　　　社 总 机：010-83470000　邮　购：010-62786544
　　　　　投稿与读者服务：010-62776969, c-service@tup.tsinghua.edu.cn
　　　　　质量反馈：010-62772015, zhiliang@tup.tsinghua.edu.cn
印 装 者：三河市东方印刷有限公司
经　　销：全国新华书店
开　　本：155mm×230mm　印　张：12.25　插　页：7　字　数：181千字
版　　次：2024年8月第1版　　　　　　　　印　次：2024年8月第1次印刷
定　　价：68.00元

产品编号：101144-01

序

清华大学的前身清华学堂（Tsinghua Imperial College）始建于1911年，1925年清华成立了研究院国学门，亦通称清华国学研究院，简称清华国学院。在清华国学研究院不长的几年办院历史里，培养了70多位学有专长的国学学者，其中有几十位在后来成为中国人文学界的著名学者或国学大师。清华国学研究院几位导师的研究在当时代表了中国国学研究的最高水平。清华国学研究院创造的辉煌与影响奠定了清华初期的学术声誉，清华国学研究院也早已成为清华大学历史传统的一部分。

清华国学研究院是中国近代文化教育发展的产物，它以"学术第一、讲学自由、兼容并包"的精神，开创了清华大学早期人文学研究的黄金时代。清华国学研究院师生共同创造的这一辉煌历史业绩对后来清华各个学科的发展都有示范的意义，也构成了清华人文学科20世纪30至40年代卓越发展的先导。

1925年3月为清华国学院开办之始，4月王国维、梁启超到校，6月确定教授为王国维、梁启超、赵元任、陈寅恪，讲师为李济，主任为吴宓。

王国维辛亥革命后东渡，专习经史小学，归国后继续深入，在甲骨文与殷商史等领域成就卓著。他1925年到清华执教，个人学术研究转入治蒙古史和西北地理，同时致力于金石文献考释。

梁启超早年为变法运动领袖，失败后东渡，思想为之一变。他是中国近代著名思想家，也是新史学的倡导者，学问规模宏大，其研究领域为中国学术史、中国文化史。他1920年任清华讲师，讲授国学小史，著《墨经校释》，在清华国学院时期著述甚多，如《中国文化史——社会组织篇》《古书真伪及其年代》《儒家哲学》等。

赵元任1925年到清华，在清华国学院四年，后转中央研究院，仍兼任清华讲师。他1925年正式确定以中国语言学和语音学为学术主要方向，在清华讲授"中国音韵学"等，将历史比较法运用于汉语史的研究。1928年他出版了《中国吴语研究》，为清华国学院丛书第四种，这是中国学者第一部用现代语言学的方法调查汉语方言的报告。后发表《广西瑶歌记音》等。

李济1925年担任讲师，因已经加入弗利尔艺术馆中国考古队工作，不能常川驻院，故为清华国学院特别讲师。1927年他的考古发掘报告《西阴村史前的遗存》作为清华国学院丛书第三种出版，1929年出版《中国人种之构成》，是中国民族科学研究的第一部著作。

陈寅恪1926年加入清华国学院，其担任的课程为"西人之东方学目录学""佛教经典各种文字译本之比较研究（梵文、巴利文、藏文、回纥文及中亚诸文字译文）"，1927年他的《大宝积经论藏汉文对照本》作为清华国学院丛书第二种出版。由其课程和研究可知，其当时的研究重点在参照欧洲东方学中佛教经典的研究，发展佛教经典的各种文字译本之比较研究。

在国学院四年的办学历程中，培养了70多位学有专长的国学人才，其中不少人后来成为我国著名的语言学、古文字学、中国史、文学、考古学、哲学等方面的大师，如王力、高亨、徐中舒、姜亮夫、姚名达、陆侃如、谢国桢、刘盼遂、罗根泽、王静如、吴金鼎、戴家祥、蒋天枢、刘节、朱芳圃等。

总体来看，清华国学院时期的国学研究属于新国学、新史学的研究，注重从西洋学术吸取研究方法和观念，追求以近代外国研究学问的方法来治国学。

王国维1927年自沉。1929年梁启超病逝，当年夏清华国学院结束。同年中央研究院成立，赵元任担任史语所语言组组长，李济担任考古组组长，陈寅恪以清华大学教授而兼任历史组组长。国学院助教浦江清则转至清华大学中文系任教。中研院史语所可以说是以清华国学院导师为骨架的。1929年清华大学成立文学院，清华的国学研究则从国学院时期转入了文学院时期。20世纪30年代的清华，文、史、哲三个系规模不大，一般有教授五六位，讲师和助教若干。文学院时期包括了后来西南联大时期，直至

1952年院系调整中清华文学院整体转入北大为结束。

文学院时期的清华文科以中西兼重为特色，故中文系"注重新旧文学的贯通与中外文学的结合"，历史系强调"中外历史兼重""西洋史学有许多地方可资借镜""中国历史已经成为一种国际的学术"，哲学系主张"中西融汇"，史论兼重而偏于理论。这些学术环境也塑造了同时期清华国学研究的方向。杨树达、冯友兰、王力、闻一多、张荫麟、吴晗、陈梦家、朱希祖、刘文典、雷海宗、许维遹都是这一时期的代表性人物。

总的看来，文学院时期的清华国学研究，仍然是"属于新国学、新史学的研究，追求从西洋学术吸取研究方法和观念，以近代外国研究学问的方法来治国学"。但也有变化，不再像吴宓和陈寅恪20年代那样强调学习欧洲东方学研究，而是吸取西洋学术方法参与中国近代学术学科的建立，冯友兰、杨树达、王力的研究都是如此。文学院时期的清华，在中国人文研究方面已经与北京大学并驾齐驱，甚至在不少方面超越了北大。

1952年清华大学文学院全部转入北京大学，壮大了北京大学。1978年以来，清华大学先后恢复和建立了外语系、社会科学系、中国语言文学系、思想文化研究所，其中1985年建立的思想文化研究所由张岱年先生任所长。在此基础上1993年12月组建人文社会科学学院，陆续复建了历史系、哲学系等。2009年国学研究院复建，2012年人文学院从人文社科学院分出独立。恢复文科以来，陆续有一些代表性人物加入到清华国学研究的队伍中来，他们的加入对促进清华国学研究的复兴、对传承发扬老清华人文研究的优良传统发挥了重大作用。

现在，清华国学研究院组织出版《清华国学人物小传》，希望能够将清华校史当中那些研究国学的典型人物的生平、学术特点，特别是与清华的渊源，以"小传"的形式展现出来。"小传"不求"全"，而是期待能起普及、宣传之效用，让清华国学研究的特点呈现在世人面前，并期待越来越多的人加入到清华国学研究的传统当中。

清华大学国学研究院

2022年7月

目 录

001　诗意与哲思之间：朱右白的学问人生

031　处处留心皆学问，事事如意非丈夫：卫聚贤的不凡人生

053　勤勉为学多创获：罗根泽学述

083　高亨的学术志业及其「三书」生涯

101　"永远过「读书、教书、写书」的生活"：传承中国史薪火：蓝文徵学述

134　治学经世，百炼成钢：杜钢百的学问与人生

159　吴其昌先生的精神气质与治学之道

诗意与哲思之间：朱右白的学问人生

⊙ 叶树勋

朱右白（1896—1961），名广福，又名光溥，字右白，以字行。江苏泰兴人。自幼喜读古书，爱好诗文，先后就读于金陵一中、金陵大学、天津工专等学校。1926年考入清华国学研究院，师从梁启超先生，攻读儒家哲学。毕业后，先后在上海商务印书馆、南京图书馆、福建省图书馆等处工作。1956年调往水利部水利科学研究院，从事水史研究。1960年因被错划为"右派"故遭返泰兴老家，翌年病逝。右白先生学问渊博，著述颇丰，在古代哲学研究、诗文理论和水史研究等方面都有重要建树，并创作有大量诗歌，是一位颖慧而勤勉的学者和诗人。

一、家世与成长

1896年农历九月，朱右白出生于江苏省泰兴县的一个耕读之家。其叔祖朱铭盘是晚清诗人和书法家，以诗文享誉公卿间。其父朱月清是私塾老师，兼从事中医。其母操作农事，耕种棉麻，织布谋生。当时朱家并不宽裕，家里人常将粮食、棉布拿到集市上卖，为朱右白挣取学费。他成年以后写有一诗回忆儿时的家境：

> 昔者念我姑，苦节常家居，爱我无不至，慰我能读书。……老父披衣起，流光未及曙。阿母事晨炊，青烟间晓雾。……是时幌帏间，微闻书声度。稚子寻呼鸡，红日满

窗西。①

朱右白伯父家里的三个儿子皆子承父业当医生，父亲朱月清在做塾师之余也兼做医生。朱右白自小立志读书，诗里说"爱我无不至，慰我能读书"，指的就是其姑母因其读书之志而对他尤加珍爱。在"流光未及曙"的清晨里，母亲操弄晨炊，准备白天的农活，父亲则早早地披衣诵读，鸡啼声与读书声两相交织，这样的耕读环境对朱右白的成长影响颇深。

在家学的熏陶下，朱右白自幼喜好吟诵，犹喜《孟子》，为日后从事学问奠定了良好基础。其后来自述曰："幼禀父教，嗜吟若其天成"，"右白以如是之文艺环境，而能不怠于学"②；"幼时喜读《孟子》，惟多未能领悟。每诵至《告子》《尽心》两章，于所论心身性命之处，辄觉陈义太深，匪浅学所能解。然有僻性，每于义之愈不可解者，即愈思，有以求其解，设终不解，则终若芒刺之在背也"③。家学环境主要从两个方面对他产生了影响：一是在家庭的文艺氛围里幼而嗜吟，自小培养了一种"诗文情怀"；二是在塾师之父的教导下习读古书，此中尤喜《孟子》，心里潜蕴一股"孟子情结"。自幼养成的两种情志，对朱右白以后学问事业的方向产生了很大影响。

1909 年，朱右白年十四，入读县立高小，过了两年，升读中校。在校期间，主要学习新学科目，"于旧学不暇兼顾，惟求文字稍顺而已"④。辛亥革命以后，县立中校停办，朱右白转学到金陵一中。第二年，因二次革命军起，朱右白离校回乡，居家一年。在这一年里，朱右白阅览古

---

① 朱右白：《村居忆往》，收入《朱右白诗》，上海：新文印书馆，1940 年，第 31 页。
② 朱右白：《现代诗坛·作者自述》，收入《右白丛书》，南京：中文仿宋印书馆，1944 年，第 112 页。
③ 朱广福（右白）：《自传》，载吴其昌编：《清华学校研究院同学录》，见夏晓虹、吴令华编：《清华同学与学术薪传·辑三》，北京：生活·读书·新知三联书店，2009 年。
④ 朱广福（右白）：《自传》，载吴其昌编：《清华学校研究院同学录》，见夏晓虹、吴令华编：《清华同学与学术薪传·辑三》。

书,其意甚得,"取旧时国学书籍读之,以为其深盎然有味也"[①]。1914年,朱右白入读金陵大学高等科,兼修中西文学和自然科学。后因教会问题从金陵大学退学[②],转读天津工专,攻读应用化学。起初,朱右白不大喜欢这个专业,而后则渐感有趣,尤其喜爱其间的分析方法,"以其甚有系统,足为整理国学之助也"[③]。由于时局动荡,朱右白少时辗转求学于多所学校,但一直念念不忘的是研习古书,深味国学,以至于大学期间攻读理工科时,乃因其方法有助于整理国学而渐感可亲。在朱先生后来的治学中,可以看到这一思维方法对他的学术工作确实有很大帮助。

朱右白在天津工专求学四年,1920年毕业后,返家乡泰兴工作,供职于县立乙工校,历任教员、校长。其间,朱右白与同县黄氏结婚,育有一子朱业恒。[④]任教期间,他对学校的教育状况不满,尝试改革而未能如意,后来在1925年辞职入京。在京期间,他以中英文家教为业,闲暇之时则"浸沉国籍,兼取当代名辈著述读之"[⑤]。北京的游学经历使朱右白能广涉当时学界的大家名著,这为他接下来考入清华国学研究院奠定了基础。

二、在清华的求学时光

1926年夏,朱右白考入清华国学研究院。同年入学的还有王力、姜

---

① 朱广福(右白):《自传》,载吴其昌编:《清华学校研究院同学录》,见夏晓虹、吴令华编:《清华同学与学术薪传·辑三》。
② 此系根据朱右白《自传》所述。具体何因,朱先生没细说。当时的金陵大学具有较浓厚的宗教色彩,尤其是其中的"学点制",更被人指责为钳制学生思想自由的工具。按这一制度,学生从周一到周六需参加朝会,周日需参加礼拜,否则将扣除其"学点"(参见张宪文主编:《金陵大学史》,南京:南京大学出版社,2002年,第32-34页)。朱右白或是不满于这种宗教化教育而从该校退学。
③ 朱广福(右白):《自传》,载吴其昌编:《清华学校研究院同学录》,见夏晓虹、吴令华编:《清华同学与学术薪传·辑三》。
④ 因材料所限,对黄女士的情况知之甚少。根据朱右白毕业返乡的时间和朱业恒出生的时间,我们推测朱右白与黄女士的结婚时间可能在1920年至1923年之间。据朱右白的女儿朱新兰教授口述,黄女士在朱业恒出生几年后病故。
⑤ 朱广福(右白):《自传》,载吴其昌编:《清华学校研究院同学录》,见夏晓虹、吴令华编:《清华同学与学术薪传·辑三》。

亮夫、杨鸿烈、谢国桢、冯国瑞、戴家祥等人，共计新生29名。① 按当时清华国学研究院的规定，新生入学后向导师陈述研究意向，在导师建议下选定研究专题。朱右白入学后，以梁启超先生为导师，选儒家哲学为主修科目，研究专题为"性之讨研"。② 朱右白后来写有一诗，记载了当时和同门一同拜谒梁任公的情景：

> 初谒师门时，乃在清秋节；玉露满清阶，月明疑照雪。弟子十余人，坐分两行列，各陈研究题，指授听师说；各饱所需归，中情何愉悦！③

朱右白入学清华的那一年，恰逢梁任公主讲儒家哲学④，这与朱右白自幼潜藏的"孟子情结"相契合，他之所以选儒家哲学为主修科目，并非偶然。在他的《自传》里，朱右白曾解释了当年选题的原因：

> 兹所从事研讨者，仍即童年读《孟》时所未能解，而欲求解之性善恶问题是也。⑤

梁任公先生讲论儒家哲学，颇重视其间的人性论，视之为儒家哲学的首要问题，对其有精卓之见。⑥ 而朱右白幼年读《孟子》时，即对其间的论性之说最感深邃，长年积蕴于心，今番得遇明师，其欢愉之情可想而知，诗中说到"各饱所需归，中情何愉悦"，写的就是朱右白和各位同

---

① 1926年8月，清华国学研究院共录取新生24名，备取2名。开学后实到24名，补录4名，另有上届考取因经济困难未入学的杨鸿烈，也于本届入学，本学年新生共计29名。参见孙敦恒：《清华国学院纪事》，《清华汉学研究》（第1辑），北京：清华大学出版社，1994年，第304页。
② 《研究院纪事》，《国学论丛》1927年第1卷第1号。
③ 朱右白：《梁门哀感录·记初谒》，《鲁阳集》，上海：女子书店，1933年，第31页。
④ 《研究院纪事》，《国学论丛》1927年第1卷第1号。
⑤ 朱广福（右白）：《自传》，载吴其昌编：《清华学校研究院同学录》，见夏晓虹、吴令华编：《清华同学与学术薪传·辑三》，2009年。
⑥ 梁任公认为儒家哲学中有三个比较重要的问题：性善恶的问题、天命的问题、心体的问题。参见梁启超：《儒家哲学》，《饮冰室合集·专集之一百三》，北京：中华书局，1989年，第70-72页。

门向导师请示选题之后的欢快心情。

在国学院求学期间,朱右白在主修儒家哲学的同时,对国学院诸导师的课程亦深有修习。按当时国学院的教学制度,课程的开设分普通演讲和专题研究两类,普通演讲类是学生的必修课,由教授择定题目,每周开讲一次或两次;专题研究类则根据各人的研究课题进行选修。[1] 在1926—1927学年里,各位导师的普通演讲课程有:梁任公先生开设"儒家哲学""历史研究法",王国维先生主讲"仪礼"和"说文练习",赵元任先生、陈寅恪先生分别开设"音韵练习"和"西人之东方学之目录学",李济先生则主讲"普通人类学"和"人体测验"。[2] 这些课程广泛包括国学研究的多个领域,且涉及国外汉学。朱右白在当时的环境里,不仅能进一步夯实国学的功底,且在学术视野上也得到很大的拓展,可学习到多种学科的理论和方法,接触到西方人对中国传统文化的研究成果。

朱先生的专题论文《性之讨研》大约在1927年5月撰成。导师梁任公阅后予以很高评价,认为此文"叙述诸家学说简要以提挈","皆见匠心"[3],并"嘱即付梓"[4]。后因故出版事搁置,直至1941年始刊行于世,并更名为《诸家人性论评述》。先生重新修整,"取师所认为琐碎挂漏之点,一一裁补润饰之,而益以新说,俾与世相见"[5]。

在20世纪20年代,学界对古代人性论的研究尚属起步阶段,《诸家人性论评述》一书是该领域研究史上比较早的一部专著。当前学界在研究古代人性论时,一般比较关注从阮元《性命古训》、傅斯年《性命古训辨证》到徐复观《中国人性论史》的学术脉络,右白先生此著当引起重视。他将古代人性论史划分为创始时期、继承时期、脱分时期、实际人生论时期四个阶段,每一阶段各为一篇,第五篇则进行总结评价。书中广征

---

[1] 参见孙敦恒:《清华国学院纪事》,《清华汉学研究》(第1辑),第307-308页。
[2] 《研究院纪事》,《国学论丛》1927年第1卷第1号。
[3] 梁启超:《新会梁先生任公原评》,见朱右白:《诸家人性论评述》,南京:中日文化协会,1941年。
[4] 朱右白:《诸家人性论评述·后序》。
[5] 朱右白:《诸家人性论评述·后序》。

博引，条分缕析，考辨诸家要义，提出许多精辟之见。如论孟、荀之异："孟子道性善，系从源头上说；荀子言性恶，系从流弊上说。"[1] 朱右白以"源""流"定位孟、荀，在其看来，孟、荀论人性，非就同一事而主相反之论。又如以大程、阳明为一派，视小程、朱子为一系，将大程从传统所说的"程朱"系统中区分出来。现代以来，陆续有学者注重二程学说之分异，朱先生以人性论为视角区别二程，在学术史上是比较早的论断。[2]

1927年6月1日，清华国学研究院举行第二届学生毕业典礼，随后在工字厅开师生叙别午宴。四位导师各领一席，师生畅谈甚欢。将散之际，梁任公起立致辞，历述学生之成绩，并期以"国学重镇"之厚望。席散，朱右白与姚名达[3]、冯国瑞同游朗润园，归途中，朱右白提议到王国维先生府上拜别。行至王先生寓所，适逢王先生在陈寅恪先生家里谈话。王先生接到家人电话后，即从陈先生家里返回，与朱右白等三人畅谈甚久，"恳恳切切，博问而精答，相语竟一小时。晚餐已列，起身告辞，先生亦送至庭中，亦向例也"[4]。

殊不知，此番拜见王先生竟是永别！[5] 王先生投湖前几无预兆，事发后全院师生均感意外，大师顿然仙去，哀恸之情何以堪。朱右白曾作挽

---

[1] 朱右白：《诸家人性论评述》，第11页。
[2] 如钱穆、冯友兰等人，即深究二程学说之异，且明言陆王心学源于大程之思想（参见钱穆：《国学概论》，北京：商务印书馆，1997年，第223页；冯友兰：《中国哲学史》下册，上海：华东师范大学出版社，2000年，第253页）。钱先生《国学概论》写成于1926年，冯先生《中国哲学史》写成于1930年，时间上来看，钱先生持论更早。右白先生《诸家人性论评述》原稿（《性之讨研》）始作于1926年，写成于1927年，与钱先生立论时间相差无几。二者之间有无影响，尚待考证。关于二程学说，虽二者确有区别，但是否可分别视作心学与理学的源头，还有待商榷。这方面可参见陈来：《宋明理学》（上海：华东师范大学出版社，2004年，第70页）的讨论。
[3] 姚名达系1925年入学，1927年毕业。参见孙敦恒：《清华国学院纪事》，《清华汉学研究》（第1辑），第322页。
[4] 姚名达：《哀余断忆》，《姚名达文存》，南京：江苏人民出版社，2012年，第147-148页。
[5] 王国维先生于6月2日上午在颐和园投湖自沉。参见袁英光、刘寅生编著：《王国维年谱长编（1877—1927）》，天津：天津人民出版社，1996年，第522页。

诗悼念王国维先生，言道："东原去后观堂出，再起斯文二百年。收拾残经传绝绪，钩沉古史得新篇。工字厅前逢雅集，风诗说剑兴偏长。不知此老怀孤愤，径欲向人诉九章。"①朱右白以戴震之后续来评价王先生的学问，用屈原的事迹来类比王先生的情况，对先师的敬仰和哀恸之情溢于言表。

是年6月底，梁任公偕研究院学生同游北海，发表谈话一篇，归结为"做人""做学问"两大要义。②梁任公在谈话中说到了自己对弟子之道德和知识的期望，复针砭时弊，鼓励学生们共谋改造之。朱右白与导师及同窗并游北海，恭聆师教之后，甚为感触，曾作一诗记述当时情景：

> 夫子行尤健，独严义利辨。春风快雪堂，一再相勖勉：教起由自身，于以及同门；同门想感应，渐以化同群。所至唯心主，自无欲作蛊。远之天下安，近为一身补。此言良足珍，再拜书诸绅。③

朱右白以"再拜书诸绅"来表达自己对梁任公北海训教的珍惜之意。④梁任公对他的影响颇深，不仅在学术研究上，也包括做人方面。毕业以后，朱右白作了不少诗歌缅怀先师，追忆师门往事，感念所受教诲。梁任公去世后，朱右白曾作挽诗悼念："四海沉沦公砥柱，天留木铎警群邪。存心只欲争人兽，不为一身不为家。满地疮痍劫未休，频挥老泪向清秋。"⑤朱右白在此诗里以"天留木铎警群邪"喻示梁先生的道德志业⑥，又以"满

---

① 朱右白：《挽海宁王师静庵》，《鲁阳集》，第27-28页。
② 梁启超：《北海谈话记》，《梁启超文存》，南京：江苏人民出版社，2012年，第690-697页。
③ 朱右白：《梁门哀感录·记北海训话》，《鲁阳集》，第34页。
④ 《论语·卫灵公》有载，子张曾向孔子请教德行，孔子答以"言忠信，行笃敬"，子张随后"书诸绅"。朱右白以此类比，足见其对梁任公先生的敬爱之情。
⑤ 朱右白：《挽梁师任公》，《鲁阳集》，第28-29页。
⑥ 《论语·八佾》有载，仪封人请见孔子，出曰："二三子，何患于丧乎？天下之无道也久矣，天将以夫子为木铎。"朱右白在此诗里以"木铎"比拟梁任公，可见其对先师的崇敬之意。

地疮痍劫未休，频挥老泪向清秋"感慨先师的壮志未酬。在此后的岁月里，朱右白常以"吾师所期于我者"自勉①，以此作为自己做人、做学问的精神向导。

朱右白在清华求学期间和同窗结下了深厚友谊。在他后来所作的诗歌里，回忆同窗者多达数十首。如《秋日忆秋华同学五首》回忆在国学院期间与冯国瑞、姚名达、侯堮、颜虚心、吴其昌等人的交往情景；而《梁门哀感录》的诸篇诗作，慨叹"燕逐东西飞，车分南北辙"②的现况，回味当年齐聚一堂的欢愉情境，其间一首《记天桥买葛》记述了当年和冯国瑞等人一同买葛，归途中即兴赋诗的趣景。毕业以后，朱右白和姚名达、侯堮、冯国瑞等人来往密切。姚名达毕业后曾和朱右白一同在上海商务印书馆工作数年，其间经朱右白玉成，姚名达与巴怡南结为夫妇。③侯堮在毕业以后也和朱右白交往较多，朱右白的第一部诗集《鲁阳集》，也是他出版的第一本书，就是请侯堮作的序。冯国瑞毕业后回乡任教，供职于兰州大学，与朱右白书信往来频繁，在书信中朱右白常作诗词遥寄思念之情。

三、动荡时局中的学术事业

从清华毕业以后，朱右白到上海商务印书馆的东方图书馆从事编辑工作。他在此处的工作时间较长，一直持续到20世纪40年代初期。1929年，朱右白和张淑宏女士结婚。张淑宏女士出身泰兴名门，系张伯鼎先生的女儿。当时的局势不算稳定，不过商务印书馆的工薪不菲，因

---

① 朱右白：《诸家人性论评述·后序》。
② 朱右白：《梁门哀感录·记海淀观灯》，《鲁阳集》，第31页。
③ 朱右白的第二任夫人张淑宏有兄妹十二人，张淑宏排行第七，六姊张淑文是巴怡南的继母，由此朱右白也就成了巴怡南的七姨父。姚名达的前妻黄心勉女士因病逝世，后来经朱右白介绍，姚名达和巴怡南在1937年结婚。参见张淑蕙：《回忆姚名达烈士创办女子书店》，收入《浩气壮山河——原国立中正大学抗日战地服务团纪实》（下册），南昌：江西高校出版社，2010年，第168-169页。

而先生婚后的家庭生活还比较充裕。先生酷爱诗文，编辑工作之余每每不忘研习创作，"每置一册案头，虽至忙之日，必择其中尤要者阅索一编，当精聚神会，百虑皆空，恍似古人之亲临，鞭策吾之左右也。已而果有所悟，下笔不感困难"。① 朱夫人也是诗文爱好者，夫妻二人常相切磋，《鲁阳集》收录有先生为夫人校改后的诗歌。② 先生也有诗歌记述了其时二人的相得之情："况余徒有诗书好，之子尚无世俗情。门外寒霜新扑地，但能有酒愧长醒。"③ 在上海工作期间，先生所交游的友朋也多是文坛中人，先生后来回忆，"僦居海上之日多，此间人士多乐好文艺"，"白亦日惟沉迷于吟哦"。④ 除了国学研究院的一些同学以外，右白先生和夏承焘、李继熙等人交情较密。

1932年1月28日，日军袭击上海闸北，次日有针对性地轰炸商务印书馆，随后在东方图书馆纵火，馆内全部藏书一时间化为灰烬。东方图书馆在当时号称东亚第一图书馆，一夜之间被烧毁，诸多善本、孤本图书从此绝迹人寰。朱先生对此极为激愤，从《鲁阳集》收录的多首诗歌里可体会到他对文化资源丧失的惨痛心情。1932年8月，商务印书馆复业，朱先生回东方图书馆工作。1937年7月，抗战全面爆发，商务印书馆总部迁往长沙（后于1941年迁往重庆），朱先生作为留沪人员在原处继续工作。

40年代，朱先生先后到南京中央大学、南京中央图书馆工作，历任中央大学教育系主任、中央图书馆特藏组组长。其间，曾在金陵女子大学兼职，讲授历史、地理等课程。这一时期他对古代哲学、诗文理论仍有研治，出版专著多部，并发表了大量论文。后来他的学术兴趣渐转向水史领域，开始留意《尚书》《水经注》等典籍中的水史资料，着手水文地理方面的研究。中央图书馆特藏组的丰富馆藏资源为右白先生从事水史研究提供了便利，这段时间里他有多篇水史论文相继发表。新中国成立前

---

① 朱右白:《现代诗坛·作者自述》,《右白丛书》,第112页。
② 朱右白:《鲁阳集》,第48页。
③ 朱右白:《赠淑宏》,《鲁阳集》,第57页。
④ 朱右白:《诸家人性论评述·后序》。

夕，中央图书馆逐渐往台湾运送馆藏珍籍，朱右白等人从中抵制，功不可没，对此当年的《新华日报》曾有专门报道，对先生的工作予以嘉奖。

时局动荡，人生起伏多变，但一直不变的是朱先生对学术事业的坚持。在商务印书馆工作期间，朱先生曾与他人合著《孟子话解》一书①，以白话文译解《孟子》，简明流畅，可读性较强。② 先生自幼喜读《孟子》，当初在国学院的论文选题便与此有关。这一次译解《孟子》，虽是承担部分工作，但也是其"孟子情结"的一种展放。在此期间，朱先生还撰写了《道统篇》《一经》《一义考索》《从"一"底哲学说到全体主义》等诸多论文，这是继《诸家人性论评述》之后他在古代哲学研究方面的新成果。

道统说自唐代韩愈明确提出以来，历宋明儒家之倡导、现代新儒家之发扬，已成为儒家学说里居于中心地位的思想传统。从韩愈到现代新儒家的道统观，一般是以心性内圣之学为圭臬，而关注外王之学的荀子和汉儒则被排除在外。③ 虽然唐宋以降陆续有人提出不同看法④，但终究不

---

① 右白先生撰写《滕文公上》《滕文公下》《尽心上》《尽心下》四篇的注释和白话译文。
② 《孟子话解》由长沙商务印书馆在 1938 年初版，而后台湾商务印书馆分别于 1973 年、1977 年再版。近年来此书为多种书目所收录，如郭齐勇、吴根友编著：《中华文化通志·诸子学志》，上海：上海人民出版社，1998 年，第 114 页；山东师范大学齐鲁文化研究中心编：《齐鲁文化研究论著目录 1901—2000》（上册），北京：中国社会科学出版社，2003 年，第 1070 页；林庆彰主编：《民国时期经学丛书》（第二辑），台湾文听阁图书有限公司，2008 年；曾军编著：《经学档案》，武汉：武汉大学出版社，2011 年，第 360 页等。另外，此书还被人民教育出版社主编的《高级中学语文》（1987 年）列为教学参考书。
③ 如韩愈所言："尧以是传之舜，舜以是传之禹，禹以是传之汤，汤以是传之文、武、周公，文、武、周公传之孔子，孔子传之孟轲，轲之死，不得其传焉。荀与扬也，择焉而不精，语焉而不详。"（《原道》，《韩愈全集》，上海：上海古籍出版社，1997 年，第 20 页。）韩愈这种说法得到了大多数宋明儒家和现代新儒家的承认，不过韩愈自认为接续了在孟子处已中断的"道统"，而后来的宋明儒家则一般是主张周敦颐、二程承接孟子。
④ 如唐代杨倞、宋代孙复和石介等人，都认为荀子是儒家道统的一个重要环节。晚近以来，钱穆先生、李泽厚先生等人曾对现代新儒家的道统观提出异议。这方面的情况可参见梁涛：《儒家道统说新探》，上海：华东师范大学出版社，2013 年，第 88-91 页。

成主流。朱先生认为，儒家之"道"乃"圣人所心天地之心也"，本是浑融一体，然各从内、外言之，却有不同趣向。自内而言是为"仁"，自外而言则为"礼"，二者统合于"道"。基于此，先生重构了新的"道统"：

> 尧以此心传诸舜，舜以此心传诸禹，禹以此心传诸汤，汤以此心传诸文、武、周公，文、武、周公以此心传诸孔子，孔子以此心传诸孟轲、荀卿，孟、荀以此心传诸董仲舒，仲舒以此心传诸韩愈、李翱，韩、李以此心传诸周、程、张、朱、陆九渊、王阳明。①

先生虽有"孟子情结"，但他并没有以此排斥荀子，认为"道"包含"仁"和"礼"两方面，而荀子和董仲舒等人作为后者的主要代表，也应被纳入道统。近年里，梁涛先生提出统合孟荀的新道统观。② 对此我们应重视右白先生曾做出的努力。③

在1942—1943年间，朱先生陆续发表了《一经》《一义考索》《从"一"底哲学说到全体主义》这三篇文章。④ 第一篇考述"一"之概念在思想史上的演变历程，第二篇解释"一"之概念在名数、政治、修养、学术、艺术五方面的义涵，在前二者的基础上，最后一篇则论至当下时局，认为"一"之义在当下的表现应是树立起"以全民族为整体生命"的民族全局观，用尧、舜、周、孔一以贯之之"道"，则"本末兼修，上下一体，具强无敌"。先生于"人心之陷溺"常怀忧虑，"觉年来兵匪交横，强豪

---

① 朱右白：《道统篇》，《中日文化》1942年第1期。
② 参见梁涛：《儒家道统说新探》，第98-116页。
③ 右白先生《道统篇》发表后，其好友汤城（号栖霞山人）撰文与之商榷。后者反对宋明儒家的道统说，将周、张、程、朱等人排除在道统之外，对阳明则作了保留，并在阳明之后续以曾国藩、康有为、梁启超、章太炎等人（参见栖霞山人：《与朱右白论道统书》，《中日文化》1942年第2期）。此"道统说"几乎是走到了主流道统观的反面，以外王制度之学作为考量道统之圭臬，则又是偏于一端了。
④ 此三文分别发表于《中日文化》1942年第6、7期合刊，《中日文化》1942年第8期，《新东方杂志》1943年第5期。

榨压下之愁苦"[1]，每以振奋人心为己任。他所提出的"'一'底哲学"即是一位儒者试以其学警醒人心的表现。

朱先生居上海时，所交游者多为诗文爱好者，往来间多有切磋。其间，先生相继出版了《鲁阳集》《朱右白诗》《右白诗集》这三部诗歌集，同时也积极参与当时诗坛的讨论，对诗歌创作方法提出独特的见解。

《中国诗的新途径》是朱先生在诗学理论方面的代表作。在西风日渐的大环境下，诗歌创作当何去何从，成为诗坛中人人关心的热点问题。这不仅关系到传统和现代的古今之辨，同时也牵连着本土和外域的中西之辨。朱先生认为，诗歌的发展亦遵循事物发展的普遍规律，乃是因中有变、变中有因的一个过程。因此，他主张在对唐诗的复兴中追求改革，并将此主张概括为"唐诗解放论"。先生此论在其时诗坛独树一帜，颇有影响，不少文人学者相继参与讨论。[2]在今日学界，也有不少研究者视之为现代诗学史上占有一席之地的理论主张。[3]

在1944年出版的《现代诗坛》里，朱先生对其主张有进一步概括：以唐诗为出发点；将中国诗之重心点渐移转至古风方面；崇尚自然；以通俗文字作成人人能讽之诗，增进诗之效力。[4]由是观之，先生的"唐诗解放论"和当时出现的"晚唐热"大有不同。他所期待的新途径，就形式而言是倡导格律宽松的新古体，就内容而言则是主张赓续"诗教"的传统，表达与时俱进的新思想。

朱先生在诗学理论上的另一部作品《诗国梦游记》，写法上显得比较

---

[1] 朱右白：《六日归省记》，《中日文化》1941年第3期。
[2] 1936年《出版周刊》第171期的《商务印书馆本周出版新书》为此书作了专门推介。此后，也有一些学者撰写书评，对此书的理论水平予以较高评价。如胡怀琛：《读〈中国诗的新途径〉》，《出版周刊》1936年第177期；诸瘦鹭：《新诗途径的介绍》，《中日文化》1942年第4期等。
[3] 参见蒋寅：《中国诗学的百年历程》，载《中国诗学》（第6辑），南京：南京大学出版社，1999年，第1-20页；章亚昕：《中国新诗史论》，济南：山东教育出版社，2006年，第143-158页；陈希：《中国现代诗学范畴》，广州：中山大学出版社，2009年，第27-48页等。
[4] 朱右白：《现代诗坛》，收入《右白丛书》，第113页。

新奇，借助于梦境里的对话，作者表达了他对古代诗歌的一些看法，同时也阐述了他对新诗去向的见解。在"梦游"过程中，作者与屈原、曹植、李白、苏轼、吴梅村等十六位诗人相继会谈，而作者的观点都是通过对方来表达的。如"屈原"有言：

> 凡吾之作，俱由吾之肺肝流出，譬人之穷则呼天，疾病呻吟则呼父母。后世以虫鱼注我，以考据攻我，使我骶钉体裂，偏觉多事。……不为国家兴礼乐、垂太平，偏以引吭佯悲，习为予之牢愁侘傺者，则似非仅予之不幸，而斯文之不幸也。①

右白先生借屈子之口提出诗歌应当抒发真性情的观点，同时也重申诗歌创作当以天下大局为念、以诗歌警醒人心的理念。

朱先生不仅是一位诗文理论家，同时也是一位多产的诗人。他主张继承"诗教"传统，倡导诗歌创作应当以国家大局为念，以诗歌警醒人心，而他的诗歌创作也践行着这一理念。先生的第一部诗集取名为"鲁阳集"，借战国时期楚国鲁阳公挥戈驱日的神话②，激励全民团结御侮的意志。③《鲁阳集》收录了先生1933年之前所写的诗歌，共含四个部分，第一部分的三十八首诗都是关乎时事之作。其间如《莫干峰上看浮云》《哀东省》《乱后》《神州》《金陵晚眺》等，直抒胸臆，"于祖国忧患，言之恻怛"。④先生不仅直陈忧患以激励人心，亦且借古讽今，援引典故以喻示当下。如《齐宫怨》颂扬齐姜的巾帼气概，"为东省某疆吏致叹"，讥其"怀安"

---

① 光溥（朱右白）:《诗国梦游记》,《中日文化》1941年第6期。
② 《淮南子·览冥训》载："鲁阳公与韩构难，战酣日暮，援戈而挥之，日为之反三舍。"
③ 姜亮夫先生在20世纪80年代会见右白先生女婿杨洪清教授时，对右白先生化用"鲁阳"神话喻示抗日之志，仍赞叹不已。参见朱新兰:《回忆我的父亲朱广福（右白）》,收入清华国学研究院主编、叶树勋选编:《朱右白文存》,南京：江苏人民出版社，2016年，第622页。
④ 侯璒:《鲁阳集序》,见朱右白:《鲁阳集》,第1页。

之策[1]；又如《五忠诗》，颂扬苏武、诸葛亮、宗泽、岳飞父子、朱舜水等人的民族气节，鼓舞当下世道人心。尤为大气的是，先生以诗综述上下数千载的抗战史，如《中华四千年御侮歌》，洋洋洒洒千余字，融历代御侮于一诗，以"河山大地共蜿蜒""衣冠文化目无前"起笔，以"速醒速醒！旧业何时返盛京？自救自救！河山永固国永寿！"收尾[2]，其磅礴严正之势，振人心于昏聩中。余者如《廿四史》《祖国六咏》等诗，大抵亦关此等宏旨。[3]

四、为新中国水利事业建言献策

1949年以后，朱先生被派往华东人民革命大学学习，并赴安徽参加农村土改工作。1952年被调至福建省图书馆，从事编纂工作。1956年，水利部成立水利科学研究院[4]，因朱先生在水史方面已有一定研究，遂调其到水科院，任职于该院水利史研究室，专门从事水史研究工作。

朱先生目睹水患难治，希望通过水史研究为当时的河流治理提供历史经验。自40年代起，他陆续发表了《苏北海岸变迁与今后整理建设问题》《里下河考》《射阳湖之变迁与利病》[5]《长江下游形势变迁考》[6]等

---

[1] 《左传·僖公二十三年》有载："（晋公子重耳）及齐，齐桓公妻之，有马二十乘，公子安之。从者以为不可，将行，谋于桑下。蚕妾在其上，以告姜氏，姜氏杀之，而谓公子曰：'子有四方之志，其闻之者，吾杀之矣。'公子曰：'无之。'姜曰：'行也，怀与安，实败名。'公子不可，姜与子犯谋，醉而遣之。"察右白先生之意，一女子尚知"四方之志"，以"怀安"为不妥，"东省某疆吏"却不知此理，深以为憾。参见朱右白：《齐宫怨》，《鲁阳集》，第55-56页。
[2] 朱右白：《鲁阳集》，第13-17页。
[3] 朱右白：《朱右白诗》，上海：新文印书馆，1940年，第7-8、13-16、41-42页。
[4] 水利部水利科学研究院后来在1958年与电力部的水电科学研究院、中国科学院水工研究所合并，成立"中国科学院·水利电力部水利水电科学研究院"。"文革"期间，单位解散。1978年，水利水电科学研究院复建，并于1994年更名为"中国水利水电科学研究院"。
[5] 分别发表于《中国评论》1947年第6、8、9期。
[6] 发表于《中央日报》1947年12月22日。

多篇论文,考察江淮流域的历史变迁情况,提出治理建议。被调入水利科学研究院之后,他更加专注于水史研究,撰写了大量文章,内容涉及河口变迁、河道治理、海岸变迁、水土关系等多个方面。这些作品都未曾有机会发表,在80年代由其家人汇编为《东南水史论丛》,凡四编,共计二十余万字。[①]

《东南水史论丛》曾由相关领域的专家进行评阅,他们认为"朱先生涉猎的资料甚丰,学识非一般教授水平。论文具有创新思想,研究方法也是正确的","从历史自然地理这门学科的观点来看,他的遗著起到了登高一呼的作用"。也有学者指出,"论文对长江水利史的贡献尤值得赞佩,作者治史以为用的观念,使论文既有理论意义也具现实价值"。[②] 右白先生研究水史,是为了给新中国的水利事业建言献策。从今日水史研究的水平来看,其间不乏可商榷之处。不过,这些论稿也反映出他在历史地理学、考古学、河流动力学等领域实有较深之钻研。尤为明显的是,以史为鉴的理念贯穿始终,体现着他一直以来所奉行的"古为今用"的学术原则。

右白先生沉潜学问,生活上简单朴素,工作之余一般是读书、写文章,静心钻研。据朱先生的女儿朱新兰教授[③]回忆:

> 父亲每日按时上下班、吃饭、休息,星期日也从不外出,不看电影也不看戏。有点闲暇全用在看书、写文章上了。我印象中的父亲就是没有歇息的时候。……父亲饭后,常常双手背在后腰,在不大的房间里踱着步子,之后就是与书为友了。我又大了两岁了,认识的字也多了些,只见什么"鲜卑","羌人","匈奴史"啊,什么《禹贡》《水经注》、长江、黄

[①] 1993年《长江志季刊》曾刊文介绍此书,并刊载了《水史论丛》当中的《长江沙洲的成因、演变和治理》一文。参见志平:《〈东南水史论丛〉简介》,《长江志季刊》1993年第3、4期合刊。

[②] 参见志平:《〈东南水史论丛〉简介》,《长江志季刊》1993年第3、4期合刊。

[③] 朱新兰系朱右白与张淑宏所生,1938年出生于上海。因战乱故,翌年随母返泰兴老家。1947年,朱新兰从泰兴到南京上学,和父亲一起生活。

河啊等等，书啊、稿子，常常铺满一桌子。他用的是毛笔，写起来也很快，我还有时帮了研墨呢。[1]

1958年年初，朱右白被错划为"右派"，派往十三陵水库参加劳动。据朱新兰教授回忆，当时其父曾写信告知，"陷入右派泥坑"，但他仍不忘水史研究工作，"在赶写一批水史论著，准备向国庆献礼"。朱新兰回信询问父亲因何故被划为"右派"，右白先生始终没有回答。后来朱新兰从父亲所写的"检查"中得知，他之所以被划为"右派"，有可能是因为他在当时说过海参崴（符拉迪沃斯托克）本是中国的领土，此言论被认为是破坏了中苏友好关系。[2] 右白先生是位真性情之人，他没有意识到，在那段艰难危险的岁月里，这一句出于爱国情怀的话，让他付出了多大代价。

1960年，朱右白被开除公职，遣返原籍。是年冬季，举家迁返泰兴。适逢三年困难时期，又断了工资，此前几无积蓄，生活之贫困可想而知。返乡后的第二年夏天，先生在贫病交加里，带着他深深的遗憾，郁郁而终。后来朱新兰教授回忆当时的情景：

> 父亲头发已经花白了，面容憔悴，穿着单薄，一套灰布棉制服，穿了多年了，两只手互相插在袖筒里，里面空空荡荡的，一项旧灰棉帽戴在身上，没有围巾，没有手套，更没有大衣外套，真不知道在北京那种严寒里怎么过来的。……虽遭厄运，但从不向女儿诉说心中的悲凉，还是和平常一

---

[1] 朱新兰：《回忆我的父亲朱广福（右白）》，收入《朱右白文存》，第615-616页。
[2] 右白先生去世后，朱新兰整理其父遗物，从他所写的"检查"中得知这一情况。在这一份"检查"里，右白先生还提到了他刚调到水利科学研究院时曾写过一首打油诗，其间可能带有对工作单位的不满之意。另外，水利水电科学研究院后来为朱先生做了平反工作，并派相关人员到朱先生的家乡落实政策，相关人员告知朱新兰：朱右白当时没有和"右派"人士划清界限，曾将运动的进展情况透露给已被划为"右派"的某位朋友，这也是朱先生被划为"右派"的可能原因之一。参阅朱新兰：《回忆我的父亲朱广福（右白）》，收入《朱右白文存》，第618-619页。

样。……垂垂老矣的父亲，好像寒风中摇曳着的油将尽的灯火。他冷，我摸摸他的手，没有一点热气，我说："爸爸，我给你织一件毛线衣，就暖和了。"但他没来得及穿上我织的毛线衣。……大约在端午节后，天暖和了，不到十岁的二孙子曾找了个竹篓子，想到门前小河捉几条小鱼，给爷爷补补身子。父亲躺了三四天，也没上医院，说是中风，不能说话，就去世了。其实父亲有无数的话要说啊！①

右白先生确有很多话想说而未能说啊。他想说的，并不是如何穷困，也不仅仅是如何蒙冤。在他可以做出更多贡献的时候，突如其来的打击，让他的学问生涯戛然而止了。身体的病痛让他过早地离我们而去，而另一种病痛却早在数年以前，就已经剥夺了他的学术生命。

右白先生没有给家人留下什么，除了那个一直陪伴他的陈旧的柳条箱。箱子里存放着他多年来所写的作品，其中包含大量的未刊稿。这些未刊稿主要是水史方面的研究成果，其中有不少是用铅笔写在香烟纸上的。据朱新兰教授回忆，直到病倒的前一天，朱先生还在饭桌上铺满了稿子，沉思修改。② 在如此艰辛的条件之下，先生于学问仍是矢志不移。

改革开放以后，朱右白生前单位为他做了平反工作。在新的形势下，朱新兰教授和她的丈夫杨洪清教授重新整理朱先生的遗稿，并请相关领域的专家审阅。二人为这些遗稿的整理校订付出了辛勤的努力，据他们回忆，由于存放时间较长，有些书稿已然"虫蛀鼠啮、残缺不全"，二人为之"百般端详，悉心拼凑，以求贯通，虽只字不敢轻易疏略"，"反复诵读，揣摩原意，疏通文句，补齐标点，虽细枝末节不敢视若等闲"。③ 当时杨教授带病在身，常常是"胃病发作而捂胸挥笔，牙痛钻心而抚腮阅稿"，其勤勉刻苦可想而知。在这些遗稿中，我们不仅读到了右白先生对祖国河山的一往深情，也读到了先生学问事业的传承和延续。

---

① 朱新兰:《回忆我的父亲朱广福（右白）》，收入《朱右白文存》，第620-621页。
② 朱新兰:《回忆我的父亲朱广福（右白）》，收入《朱右白文存》，第620-621页。
③ 杨洪清:《中国水史论丛·代序》（未刊稿）。

五、右白先生的学术品格

右白先生治学领域广泛，著述颇丰，在古代哲学研究、诗文理论和水史研究等方面都有深入耕耘和重要建树。其一生的学问事业可分作三个阶段来看。在20世纪20年代，以国学研究院的专题论文为代表，他主要研究古代中国的哲学思想。大约30年代起，他在延续古代哲学研究的同时，也注重诗文理论和创作。1949年以后，其主要精力投入到水史研究中，努力为新中国的水利事业建言献策。

在朱右白所从事的诸种研究中，我们都可看到清华的教育尤其是梁任公的教导对其事业的深刻影响。前文已述及朱右白当年在国学院和导师梁任公的相得之情，朱先生终以"性之讨研"为研究专题，一方面和幼时喜读《孟子》有关，同时也和梁任公的指导紧密相关。具体到人性论的研究，朱右白也深受其师影响。梁任公在《儒家哲学·性善恶的问题》中对孔、孟、荀、程、朱、王等大儒的人性思想已有初步阐发[1]，在此基础上，朱先生展开了更深入的探讨，梳理人性学说的演变过程，厘定儒家人性论的诠释体系，对儒家哲学的性之善恶问题予以了系统的研讨。梁任公对先秦诸子学颇有研治，朱右白在这方面也受到其师的很多影响。如关于诸子学的渊源问题，梁任公不同意胡适的"诸子不出自王官说"，认为各家与王官一一对应的说法固然牵强，但古代学问为世袭智识阶层所专有，也是历史上的事实，后来诸子学受他们影响的一定不少。[2]朱右白则发扬师说，在承认诸子学受到王官影响的同时，又进一步结合了诸子起于救时之弊的观点。

朱右白的诗文理论亦可见发扬其师主张的地方。梁任公倡导"诗界革命"，主张用古人的风格，写今日所见之理、所遵之势。[3]在某种程度上来说，朱右白的"唐诗解放论"是其师"用古写今"这一提法的具体展开，

---

[1] 梁启超：《儒家哲学》，《饮冰室合集·专集之一百三》，第72-88页。
[2] 梁启超：《评胡适之〈中国哲学史大纲〉》，《梁启超文存》，第218页。
[3] 梁启超：《夏威夷游记》，《饮冰室合集·专集之二十二 附录二》，第190-191页。

同时也是对其师所倡"诗界革命"的一种积极回应。对于诗歌和情感的关系，梁任公殊为重视，认为"天下最神圣的，莫过于情感"，而包含诗歌在内的艺术则是"情感教育最大的利器"，因此诗歌自然是以"表情"为重①；梁任公还认为，从诗歌表情而论，杜甫是中国文学史上"能鞭辟到最深处"的写情圣手，堪称"情圣"。②朱右白的诗论也重视抒发真性情，不过在"表情"这一点上，他更推崇屈原，而认为杜甫则是近乎"诗哲"之谓。③此外，在《中国诗的新途径》一书中，朱右白列述了之所以复兴唐诗的四项具体原因，而在整体上则言道：

> 原来称做一件新文化运动的，必定对于他们祖先的遗产要能接收。……欧洲的文艺复兴、韩柳的古文运动和清代的汉学运动，哪一件不是以复古做解放的根基，而得着大成功的？④

朱先生之所以主张复兴唐诗，其原因具体来说便是唐诗的诸多美境，而在根本上而言，则是"以复古做解放的根基"。梁任公对清代学术的基本精神有一著名论断，曰"以复古为解放"。⑤朱右白所言的"以复古做解放的根基"与梁任公对清学的概括也有一定的关联。

在研究方法上，朱右白对其师亦多有发扬。梁任公倡导用"客观的科学方法"研治国学，以"求真""求博""求通"为国学研究之方向。⑥在当时西风日渐的学术环境中，所谓"科学方法"，很大程度上就是指西学的研究方法。在这一方面，朱右白运用得比较多的是分析方法。朱右白在入读国学院之前，对分析方法可研治国学的作用已有一定认识，而后在其师梁任公的教导和训练之下，他对此法的运用更见娴熟。在古代

---

① 梁启超：《中国韵文里头所表现的情感》，《梁启超文存》，第203-205页。
② 梁启超：《情圣杜甫》，《梁启超文存》，第256页。
③ 光溥（朱右白）：《诗国梦游记》，《中日文化》1941年第6期。
④ 朱右白：《中国诗的新途径》，第17页。
⑤ 梁启超：《清代学术概论》，《饮冰室合集·专集之三十四》，第6页。
⑥ 梁启超：《治国学的两条大道》，《梁启超文存》，第373-381页。

思想研究、水史研究等方面运用此法自不待言，而难能可贵的是，对于诗歌这一"表情"为上的对象，朱右白也采取条分缕析的进路。如《中国诗的新途径》一书，首先阐述"因变相成"的哲理，继而以此评判当下诗坛，并提出解放唐诗的主张，进而针对何以要复兴唐诗、如何改革唐诗等问题，层层展开，步步推进，其脉络之清晰、论证之严谨，颇得分析方法之要领。总的来看，分析的思维非仅使朱右白的著作在理路上显得比较清晰，而且往往也可由此梳理出比较独到的见解，这是他之所以能取得上述成就的一个重要原因。

右白先生之治学随岁月流转而渐有迁移，然而，其间却有某些不变的风格贯穿始终。诗意与哲思相贯通，是其学问人生的底色。朱先生一生之学，可谓是徜徉于诗意和哲思之间。先生自幼起有两大情志，一是"孟子情结"，一是"诗文情怀"。若说前者是先生钻研人性论，并由此开展古代哲学研究的成因，那么后者则是先生创作大量诗歌，并在诗学理论上多有成就的动力。此二者在不同时期里虽有不同程度的展放，然而不同阶段的学问意趣并非截然可分，实则言哲之时不乏诗意，而论诗、作诗之中亦可见哲思之深蕴。先生钻研古代思想，深究哲理，而其笔法之精练，文风之优雅，实可见深厚的诗文功底。至于诗论方面，先生倡导新诗的内容宜有哲学的补充，直言世间第一流诗人当永推哲者；而其论证唐诗解放，乃由因变相成的哲理出发，进而以"中道"之理证唐诗之优越。此是诗论中所蕴哲思，而其所作诗歌，亦多有阐发哲理之佳作，思虑所触乃"人情所未易测度"的隐微处。诗意与哲思在先生之生涯并非泾渭分明，实则相互渗透、相辅相成，交融而为先生学问事业的一大风格。

先生对唐诗情有独钟，倡导诗坛当以复兴唐诗为己任，不必且不宜乞巧于外。先生亦不讳言唐诗不合时势的地方，主张格律上应灵活变通，强调诗歌的社会责任，主张延续"诗教"的传统，以诗歌感化世道人心。这种"唐诗解放论"在当时诗坛里可谓独树一帜，成为现代诗学史上可居一席之地的诗论。他还主张以诗歌表达哲理，认为"诗之真义，在写夫人情所未易测度处，世间第一流诗人，当永推哲者"[1]。在其所写的诗歌当中，有许多哲理诗佳作。如《静坐》："请君且闭目，万事只观心。贯彻本原处，无言自古今。"[2]《大造歌》："生本胡自来，死亦行胡去？寻思宇宙间，生灭两不住。"[3] 探人生之究竟，寻宇宙之终始，正所谓"大造本无物，万象总由心"[4]，"本自混沌来，亦向混沌去"[5]，深思哲理之间，却别有一番佛老之味。此外有《人生》《待焚词》《登塔》《题金山塔》等作，亦可见此般意韵。至于《叩苍天》《醉明月》《问青山》《吊绿水》等作，拟设诗人与青山、绿水、苍天、明月的对话，阐发诗人对宇宙自然的无限遐思，于世道人生的深切探索。[6] 朱先生在诗歌中探索宇宙人生之究竟，常带有佛老之意味。先生诗作常饱含深情，于国家忧患，言之恻怛，每欲以慷慨激昂之言辞催人奋进。国学院的同学侯堮先生曾为朱先生之诗集《鲁阳集》作序，其间写道："右白纯自真性情中道出其伤感耳，……尤能以诗笔发掘哲理"，"乃今之哲人且诗人也"。[7] "诗哲"之谓，道出了右白先生学问生涯之底色。统观其作品，一位情系家国而覃思精微的诗哲形象跃然纸上。

朱先生治学领域广泛，但无论是哪个领域的研究，皆可见深蕴于其心间的一腔崇古情怀。在当年"西风"压倒"东风"的环境里，右白先生坚信传统文化之价值，以昌明祖先学问为己任，始终表现为一个坚定的文化保守主义者。这种文化保守主义绝非抱残守缺、故步自封，而是在肯定、发扬祖先文化遗产的基础上，对国外学术资源抱通达之态度，借鉴国外的理论和方法，以研治本国的传统学问。这一点正是清华国学研究院的基本精神。在此精神的浸润下，右白先生对国外学术亦多有参

---

[1] 光溥（朱右白）:《诗国梦游记》,《中日文化》1941年第6期。
[2] 朱右白:《鲁阳集》,第42页。
[3] 朱右白:《鲁阳集》,第46页。
[4] 朱右白:《大造歌 其二》,《鲁阳集》,第46页。
[5] 朱右白:《静坐 其二》,《鲁阳集》,第42页。
[6] 朱右白:《朱右白诗》,第1-6页。
[7] 侯堮:《鲁阳集序》,见朱右白:《鲁阳集》,第1-3页。

考和运用。朱先生在其作品中颇重如分析方法之运用，同时对国外的学说理论多有援借。如《诸家人性论评述》一书中，先生在综述各家人性论的基础上，援引了达尔文的进化论、柏格森的生命哲学和罗素的道德哲学等思想资源，由此构建自己的"性善新论"[1]；此书还引用了苏格拉底的"知识即美德"来评价戴震等人的人性学说[2]，并以柏拉图的心灵三分说为参照，论述教育的宗旨即在于"节欲""养知""陶情"[3]。在右白先生的诗学研讨中，亦可见他对国外文学理论的观照和运用，如借用欧美的"颓废主义"（decadentism）概念综括杜牧一派的诗风，进而以此评判当时诗坛的柔靡之气。[4]总的来看，右白先生对西方理论学说的援用，在有些地方也难免于当时学界所存有的通病，如某些概念的套用未免牵强附会。不过这种开放的学术眼光是值得发扬的，我们需要接受前贤们"反向格义"[5]所存有的不适和不确，继而由此推展，发扬其利，克服其弊，在学术全球化的潮流中，促成传统学问走向世界性的学术。

诗意与哲思相贯，崇古与鉴西并存，是贯穿右白先生学问生涯的基本品格。在此基础上，尤为可贵的是，无论在何时，从事何种研究，朱先生心中常怀世道人心之关切。先生钻研古代哲学、倡言复兴唐诗、考辨水土变迁，其考察的对象在古代，而其关切之处却在当下。如《诸家人性论评述》一书以"教育真义"收尾，将人性思想的爬梳和研讨，落实于当下的教育事功；又如《政学昌言》《论真知与人师》《从"一"底哲学讲到全体主义》等文章，皆倡导学术研究应有裨于当下时局，主张学者作为人心之向导应担负起文化上的公共责任；而道统观的重构，则有意突显制度外王之学的地位，希望当下学人可以传承新的道统，由此重整政纲。至于诗文理论和诗歌创作方面，亦可深见先生对世道人心的关

---

[1] 朱右白：《诸家人性论评述》，第111-118页。
[2] 朱右白：《诸家人性论评述》，第83页。
[3] 朱右白：《诸家人性论评述》，第118-128页。
[4] 朱右白：《中国诗的新途径》，第71-72页。
[5] 刘笑敢：《诠释与定向——中国哲学研究方法之探究》，北京：商务印书馆，2009年，第102-107页。

切。在诸篇诗学作品里，先生频频说到时下"人心之陷溺""人心之昏迷"，认为诗文的"天职"即在于警醒人心、重振世道。在《中国诗的新途径》一书的结论中，有一段话集中反映了先生"以诗救国"的主张：

> 现在有一件最危险的事，比任何洪水猛兽还要来得狰狞可怖，就是人心的昏迷，已渐达于极度：憬然向利，敝屣仁义，将数千年祖宗刚贞古茂之风，淘洗以尽，日惟欢歌苦笑于残釜漏舟之中而不自觉，此所谓不亡而亡，药不可救；又所谓"仁义充塞，谓之亡天下"（顾亭林语）[1]。环视古今中外，植国之危，顾无有如今日之中国者！此种病根，其致之也，既非一日；其愈之也，亦非一年数载之功。必有一物，凭其力可以深入人人之心坎，而使之彻底觉、彻底悟；并带着普遍性，而使一家之人化、一邑之人化、一国之人化，而后国治天下平。呀！这就是所谓诗教吧！往古圣贤，有行之者矣。道苟有济，何以异乎今之世！[2]

先生认为，时下最为艰险的是人心沉溺，而诗歌的大用途即在于觉悟人心，拯救世道。由是，亦可理解先生对柔靡锦绣的颓废诗风何以会极力批斥。"世道人心"可说是贯穿先生学问的一条主线，这股关切洋溢于他的所有作品之中。

朱先生倡言学术研究当有裨于时局，学者作为人心之向导，应担负起社会公共责任，学术与社会应形成良性互动。殊为遗憾的是，这种良性互动并没有发生在他自己身上，以至于这位心怀社稷的学者、覃思精微的诗哲，在可以做出更多贡献的时候，过早地离开了这个他一直饱含深情的人世间。

虽然朱先生一度在南京中央大学任教，但长期来看，他主要在出版

---

[1] 语出顾炎武《日知录》卷十三《正始》："易姓改号，谓之亡国；仁义充塞，而至于率兽食人，人将相食，谓之亡天下。"

[2] 朱右白：《中国诗的新途径》，第127-128页。

社、图书馆或水利科研院等处工作,学术传承上难以和同辈学者比肩,再加上"右派"之泥坑让他过早地结束了学术生涯。所以,即便他在多个学术领域都有深入耕耘和重要建树,但其影响力不如清华的同门。清华国学研究院在2016年出版了《朱右白文存》,收入了朱先生在几个学术领域的主要作品,希望可以部分反映右白先生在学术上的建树和贡献。如果没有那一场变故,我们相信,先生的学问还会绽放更多的精彩。然而历史不容假设,右白先生终究是带着他深深的遗憾,离我们而去了,而留给我们的,却不仅仅是那个柳条箱。

附：朱右白年表

1896 年　1 岁

农历九月，出生于江苏省泰兴县。

1909 年　14 岁

入读县立高小。

1911 年　16 岁

升县立中校，主要学习新学科目。

1912 年　17 岁

民国建立后，县立中校停办，转学到金陵一中。

1913 年　18 岁

二次革命军起，离校回乡。居乡期间，读书自学。

1914年　19岁

入读金陵大学高等科，兼修中西文学与自然科学。

1916年　21岁

因教会问题从金陵大学退学，转读天津工专，学习应用化学。

1920年　25岁

在天津工专毕业，返回泰兴工作，供职于县立乙工校，历任教员、校长。

其间，与同县黄氏结婚。

1923年　28岁

长子朱业恒出生。

1925年　30岁

从县立乙工校辞职入京。

在京游学期间，以中英文家教为业，闲余研治古书，阅读当时学界著作。

1926年　31岁

5月，参加清华国学研究院招生考试，选考科目为"儒家哲学"。

8月，被清华国学研究院录取。

9月，入学。与导师梁任公先生商定专题研究题目为"性之讨研"。

1927年　32岁

5月底，研究专题《性之讨研》撰成，呈交导师梁任公评阅。

6月1日，清华国学研究院举行第二届学生毕业典礼，后在工字厅开设师生叙别午宴。席散，朱右白与姚名达、冯国瑞同游朗润园，归途中，三人到王静安先生府上拜别,王先生与三人交谈约一小时。

6月2日,王静安先生投湖自沉。

6月7日,国学研究院举行第十二次教务会议,审查毕业学生成绩,朱右白等30人被审查合格,准予毕业。

6月30日,与研究院同学随梁任公游北海,梁任公发表谈话一篇。

北海谈话后,吴其昌编制《清华学校研究院同学录》,朱右白作《自传》,编入《同学录》中。

毕业后,到上海商务印书馆的东方图书馆从事编辑工作。

是年,发表《心理之组织》一文,刊载于《国学月报》第7期。

1929年　34岁

与张淑宏女士在泰兴结婚。

1932年　37岁

1月28日,日军袭击上海闸北。29日,日军轰炸商务印书馆,东方图书馆藏书被烧毁。

8月,商务印书馆复业,朱右白回东方图书馆工作。

1933年　38岁

1月,发表《齐宫怨》,刊载于《女子月刊》第1卷第1期。

6月,第一部诗集《鲁阳集》由上海女子书店出版。

1936年　41岁

所著《中国诗的新途径》由上海商务印书馆出版。

为李词傭《槟榔乐府》作序。

1937年　42岁

抗日战争全面爆发后,商务印书馆总部迁往长沙(后于1941年迁往重庆),朱右白作为留沪人员继续在商务印书馆工作,参与《辞源》正续编合订本的汇编工作。

是年，发表《自道家一变而为道教再变而为道学论》一文，刊载于《金陵大学砥柱文艺社社刊》。

1938 年　43 岁

12 月 25 日，幼女朱新兰出生。

是年，参与《孟子话解》编纂工作，译注其中的《滕文公》上下、《尽心》上下四篇。

1939 年　44 岁

因战乱故，张淑宏携朱新兰返泰兴老家。

1940 年　45 岁

9 月，第二部诗集《朱右白诗》由新文印书馆出版。

1941 年　46 岁

6 月，在国学研究院的研究专题《性之讨研》改名为《诸家人性论评述》，由中日文化协会出版。

是年，发表《六日归省记》《中国文学之南北宗派论》《诗国梦游记》《与古芳书》等文。

1942 年　47 岁

在南京中央大学教育系工作。

是年，发表《道统篇》《先秦学系源流述》《一经》《一义考索》《政学昌言》《论真知与人师》《近代诗无大家论》等文。

是年，《中国诗的新途径》一书的主体内容以《唐诗解放论》为名，分九期连载于《华文大阪每日》。

1943年　48岁

发表《诗的要素及其欣赏》《文章和讽咏之关系》《名物类通自叙》《从"一"底哲学说到全体主义》《历代帝王短祚与多欲之关系》等文。

1944年　49岁

《右白丛书》（上、下册）由南京中文仿宋印书馆出版。上册包括《诸家人性论评述》《帝王年祚与其生活》《中国诗的新途径》；下册包括《现代诗坛》《韵文拾得》《诗国梦游记》《文学异名之研究》《右白诗集》。

1947年　52岁

在南京中央图书馆特藏组工作。

是年，发表《苏北海岸变迁与今后整理建设问题》《根据苏北各县沿革论今后县治之设置》《里下河考》《射阳湖之变迁与利病》等文。

1948年　53岁

中央图书馆往台湾运送馆藏珍籍，朱右白等人从中抵制。

1951年　56岁

前往华东人民革命大学学习。其间，赴安徽参加农村土改工作。

1952年　57岁

是年夏，长子朱业恒病逝。朱右白回老家料理丧事。

下半年，到福建省图书馆任职。

1956年　61岁

7月，水利部水利科学研究院成立，朱右白被调往该院水利史研究室，从事水史研究工作。

1958 年　63 岁

2 月，被错划为"右派"，派往十三陵水库参加"劳动"。

5 月，水利部水利科学研究院与电力部水电科学研究院、中国科学院水工研究室三个单位合并，成立"中国科学院·水利电力部水利水电科学研究院"（现更名为"中国水利水电科学研究院"）。

1960 年　65 岁

12 月，被开除公职，回泰兴老家。

1961 年　66 岁

农历五月，朱右白病逝于泰兴老家。

处处留心皆学问，事事如意非丈夫：卫聚贤的不凡人生

⊙ 姚永辉

20世纪上半叶，中国学术界对古代中国学问的研究有三个重要的界标：一是晚清最后十年的国粹之学，暗中为民族革命张本；二是"五四"以后"科学地整理国故"运动持续发酵，借用西学方法衡定传统文化；三是抗战时期，面临民族的生死存亡，刺激了学人对中国文化的价值、民族前途等问题的思索。三十余年间，中国学术界在一轮轮激烈的对话中实现快速的"新陈代谢"。具有传奇色彩的清华国学院第二届学子卫聚贤的代表作与主要学术观点，主要产生于后两个时期。其研究涉猎驳杂，在考古学、民俗学、社会学、文字学、文学等领域皆有所发明，尤其是古史研究往往有"惊人"之论，呈现出独有的"特异"色彩。

一、倔强成长的青少年时代

卫聚贤[1]（1899—1989），字怀彬，号助臣、耀德、卫大法师等，曾化

---

[1] 由于深信自己的成长经历对性格养成、学术旨趣、人生理想影响甚巨，卫聚贤曾不止一次撰写自传，这为我们考察卫聚贤的学术与人生，提供了丰富的线索和信息。包括：《卫聚贤的生活》（《新中国》1934年第1卷第6期）、《鲁智深传》（《说文月刊》1940年第1卷）、《历史自传》（香港：自印，1952年）、《我的"胡说"》（台湾《传记文学》28卷2期，1976年2月，后收入夏晓虹、吴令华编：《清华同学与学术薪传》，北京：生活·读书·新知三联书店，2009年，第293-302页），以及《卫大法师》《捣乱》《胡说巴道》《清华国学院》（收入《政学系与我的恩怨》，新竹：张天然出版社，1982年）等。

名鲁智深、韦大发痴、班道汉等，清光绪二十五年（1899年）正月三十日申时生于甘肃庆阳县西峰镇安氏宅院。卫聚贤的外祖父苏氏，经营一家旅店，兼营磨坊，外祖母是蒙古人，生活较为丰裕。卫母苏春梅是长女，初配西峰镇西街小本商人安氏，生下长子"考娃"，七年后再产次子，逢亲友有两人中秀才，遂取名"双考"，即卫聚贤。卫聚贤约三岁时，生父病故，继遭旱灾，家人离散，与祖母和母亲三人艰难度日。适有山西万泉北吴村卫世隆，得到本族遗产遭村人诱赌败尽，逃至甘肃庆阳县西峰镇"魁盛林杂货"商号当伙计，后积攒本钱入股兼经理。卫世隆曾在西峰镇先后娶两女，皆自杀殒命，膝下无子，听说苏春梅寡居在家，央人议婚，苏姓亲友因卫世隆性情不好而反对，但苏春梅迫于家境允婚，并议定以次子安双考作为卫氏后。

幼年失怙，母亲改嫁，卫聚贤性格变得颇为敏感。就自述文字来看，他对年少时的经历，可谓刻骨铭心。1903年，五岁的卫聚贤随家迁回继父的家乡——山西省万泉县北吴村，因语言中有些甘肃腔调，村中人多故意学他说话，他目之为"轻视"。幸有卫母既不溺爱子女，又不轻易责骂，给予了卫聚贤足够多的关爱，哪怕家庭一度困窘，仍勉力支持孩子就学。卫聚贤七岁入私塾学习，至十五岁时，已读了《三字经》、《弟子规》、《百家姓》、四书、部分《诗经》，每日下午读生书五行（八十余字），晚间在家中再读，次早又读，生书总是背不过，常因不会背诵经文，受到私塾先生的责打。

卫世隆当年从山西逃走的时候，曾寄居村南沟边的破庙，许愿若他日回乡定将它改建一新。回到家乡第二年，他改建新庙，房脊上书"卫世隆建"，然而村人却把他的名字刮掉，填上"北吴村建"，这让卫世隆一直耿耿于怀。卫聚贤十五岁时，跟随继父离开山西回到甘肃庆阳西峰镇"魁盛林杂货"商号学商。对面商铺经理的儿子在"注音字母班"读了三个月毕业，为表庆贺，门上黏报单、放炮竹（那时小学毕业有红纸报单，中学毕业为黄纸报单）。卫世隆得知高级小学校毕业相当于秀才，为报村人刮名之恨，借此撑掌门面，送卫聚贤入庆阳县立第二高等小学校念书。身为少柜，卫聚贤边学商边读书，需帮忙记账，逢会日（三、六、九）要写流水账一百页，夜间抄写至底账；非会日则到小学读书赶功课。卫聚贤后来认为当时学习生活颇为辛苦，影响自己的身体发育，以致身高有限。某次，他偶读到卫灵公"奚而不丧"，感慕贤友扶持，改名为"聚贤"，初号"助臣"，期望广交好友。后又读到《左传·襄公二十九年》"卫多君子"，更觉"聚贤"名甚好。

至十八岁时，继父中断经济支持，卫聚贤再次返回山西万泉县北吴村，入高小，次年进太原警察教练所，期望能谋得出路。未果，仍回原校念书。在此期间，卫聚贤需兼职支撑自己完成学业，不过这也锻炼了他从事社会事务的能力，并逐步产生了对于理想社会的构想。学校放假，卫聚贤担任村中"书手"，负责管理"粮簿"、登记田地归属，着手村乡事业，力倡下级自治。高小毕业后，卫聚贤任西解村小学教员数月以维持生计，得知师范学校有公费，便考入山西运城省立第二师范。除书本学习之外，卫聚贤一生非常重视"做事"，积极于社会事务，有时会惹来麻烦。中师学习未满一年，因发声支持五四运动中的学生活动，被勒令退学，回南乡第三高小担任临时教员。继而投考太原工业专科学校，因有做学生代表的"前科"，校方以教室座位已满为由拒录。后经人介绍，与安邑县的卫怀彬议妥，借其文凭考学，毕业后文凭归卫怀彬所有，遂冒名顶替考入太原商业专科学校。在商专时，名怀彬字聚贤，对外则用卫聚贤字怀彬。

卫聚贤极为珍惜来之不易的求学机会，在母亲的支持下，靠借贷完成学业，克服生活艰难，读书愈加勤奋，同时热衷事务，担任学生会代表。太原商业专科学校的学习条件较差，校内无图书馆，卫聚贤常至校旁文庙，即山西省立图书馆读书，查阅资料改订学校《商业史》教材。日积月累，视野渐扩，研究兴趣逐步聚焦于中国史：因不解齐桓公西伐大夏与张骞通西域至大夏的"大夏"是否一个地方，作《齐桓公西伐大夏考》；又作《介之推隐地考》证明介子推隐地为汉汾阴后土祠，即柏林庙；作《汾水西流南流的问题》解释太原盆地的昭余祁、灵石南关与汾阳西的山道开凿之间的关系；加上《中国民族西来南来说》，共约五万字，合印为《一得录》。

作《齐桓公西伐大夏考》时，欲探明古代疆域，继作《春秋图考》，有石印地图二十一张，铅印考释四五万字。《一得录》与《春秋图考》显示出卫聚贤对于古史与中西交通、历史地理等，有着浓厚的兴趣。正是有此两书，他得以报考清华国学研究院。

二、清华国学研究院赋予学术底色

太原商科毕业后，卫聚贤一心想要继续深造，投考北平师范大学研究所。未果，至师范大学旁听，兼在一间私立新闻大学学习。1926年，卫聚贤投考清华国学研究院，取为第二届"备取"，因有考生体检未过，得以补入。清华国学研究院的学生培养制度，略仿旧日书院及英国大学制度，注重个人自修。开学之日，各教授将其所担任指导之学科范围公布，学员与教授们自由谈话，就一己志向、兴趣、学力之所近，择定研究题目，最终确定指导教授。这种教学模式，令颇有独见的卫聚贤感觉如鱼得水，他最初拟作经济史论题，转而从事古史考证，归王国维先生指导。

卫聚贤入学后，以考学时的研究题目"春秋战国时代之经济史"向王国维先生请教，先生问他的材料依据，卫聚贤答以《春秋》《左传》《国语》《孟子》等。先生说："《左传》是有问题的，有人说'左丘明'作，他是孔子时人，材料尚可用；有人说它是'刘歆'作，时代在西汉末年，材料可取的不多。"（卫聚贤《清华国学院》）卫聚贤由此知道不可盲目使用材料，应对史料有所甄别，史料不先经审定，作出来的文章不可靠。自卫聚贤小学时得知有"翻案文章"后就乐此不疲，中学时所作翻案文章更常得国文老师的赞扬。翻案文章固然有时能激发写作者另辟蹊径，但为翻案而翻案，也难免受批评对象牵制而失去自我主张。卫聚贤初到清华国学研究院，作文时仍逐家辩驳各家学说，然后才说出自己的观点，王国维先生看了，说："你自己说你的，何必管人家的。"卫聚贤说："不把他人驳倒，我自己的学说站立不住。"王先生说："你说对了，他们的不驳自然就倒了。"（卫聚贤《鲁智深传》）在明师指导之下，卫聚贤逐渐养成读书作文，不尽信书本、独立思考的研究习惯，而这恰好是从事学术研究的基本素养。

王国维先生建议卫聚贤考证《左传》的作者，最初他并无头绪。不过，大学念商科时"积攒"下的统计学常识使他尝试用特别的视角考察《左传》，并且有了新发现。卫聚贤在阅读《左传》时，注意到不同时期所用材料有异，如前部分内容简略，往往一页载好几年，后面却是几页载一年，到末尾又简了。于是，他运用统计学方法，靠着算盘，对此作了一番研究，推测《左传》的成书年代约在周威烈王元年。后来又在梁启超先生启发之下，继续考证，判断作者应为"子夏"。正是在清华国学研究院学习期间，卫聚贤逐渐形成了运用统计学研究历史的学术方法和特色，这与梁启超先生的认可与鼓励密不可分。梁启超先生得知他用算盘来做学问，曾说道：做学问本来不可限于故纸堆，只须运用得当，任何工具都可能产生效果，希望算盘能帮助你建立一种做学问的基础。待卫聚贤考证《左传》的研究陆续出炉之后，梁先生在燕京大学讲演"历史研究的方法"时还特别予以赞扬。这令最初那些调侃"研究院招了一位打算盘的商人"的同学刮目相看。

20世纪20年代，中国现代考古学正蓄势待发。1926年，经丁文江引介，留学美国学习人类学的李济先生受聘为清华国学研究院讲师，紧接着主持了在中国考古学史上具有开创意义的科学考古发掘。1927年1月10日，清华国学研究院开欢迎会，庆祝李济在山西西阴村新石器时代遗址的成功发掘。李济介绍了考古情况，并展示实物。这是中国人自己主持的第一次成功的科学考古发掘。卫聚贤参加活动，颇受震动，他曾不止一次提到，正是这次"新奇"的学习，自己开始关注现代考古与新石器时代文化。同年2月，卫聚贤利用归家之机，携带李济先生掘得的陶片三种，作为参考标准，在北吴村南、南吴村药王庙前后、袁家庄东沟西沟、荆淮村沟楞、荆村瓦子斜、南涧村涧薛村沟沿、秦王寨、城内东城壕县党部后院、南门外沟沿、北门外文庙附近、西门外老母洞北等地，发现新石器时代遗址遗存。在清华国学研究院学习期间点燃的考古学兴趣，一直持续至卫聚贤的晚年。

清华国学研究院以培养不逐时流的新人、造就适应新潮的国学为己任，为学子们营造了自由开放的学习环境。学生有选定的导师，然论题需要，可随时向其他导师请益。师生常聚会论学，有鹅湖、鹿洞之遗风。同学间也勤于切磋、乐于问难、畅所欲言，积极参与前沿讨论并将所论付诸文字，因学术主张的差异而分为两派：一为"实学社"，出版《实学》杂志，主要由研究院第一届学生组成，成员有刘盼遂、杜钢百、高亨等，以"实事求是，整理国故"为宗旨；二为"述学社"，出版《国学月报》杂志，主要由研究院第二、第三届同学组成，重疑古，由卫聚贤、陆侃如、杨鸿烈、储皖峰、刘节、王力、谢国桢等九人组成。述学社员相约见面仅称姓，如"老张""老卫"等，号为"九老"，常利用晚上熄灯前一小时谈天论学。论学中，同学多有遵从梁、王二先生之说，卫聚贤则主张"不管张三、李四说过没说过，照你的证据，是应如此说的"（卫聚贤《清华研究院》）。这种独立思考、对待学问以证据为首的态度，深得梁、王二先生的认同。一次，谈论最崇拜的历史人物，卫聚贤言"鲁智深"，同学便有称他为"卫大法师"。自此，非学术文章，卫聚贤皆署"卫大法师"（卫聚贤《卫大法师》）。大概当时卫聚贤就每有"怪论"，同学常常说他"想象力高"，好友陆侃如评以"特异"。他自认为这是由于脑海没有受到"学说"的污染，才能如此"胡说巴道"。

国学院诸先生注重培育有大志向与社会责任感的社会新人，引导同学们志存高远、进德修业，在"事上磨炼"智识与人格，以改变社会风气为己任。自中学时代开始，卫聚贤就关心时务，曾参与乡村管理事业。进入研究院后，逐渐形成中国有必要扩充下级自治的鲜明主张："于下级自治之进行始终未息，以先从村县建设方面着手至今成效颇著。"[①] 卫聚贤出任万泉学友会会长，自费出版《万泉杂志》，分类刊载各项法规，方便民众了解知情。又兼任旅京同乡会会长，遇县里各学校开观摩会，备铜

---

① 卫聚贤：《自述》，载吴其昌编：《清华学校研究院同学录》，见夏晓虹、吴令华编：《清华同学与学术薪传·辑三》。

墨盒纸尺为奖品，上刻标语，大部分是"万泉县目前应急办的四件事"，包括男孩不要念四书、女孩不要缠脚、组织村长联合会、练习保卫团等（卫聚贤《鲁智深传》）。

离院前夕，作为王国维先生最后一批弟子，他亲历了先生自沉昆明湖事件，深为伤痛。1927年6月2日，卫聚贤陪同陆侃如，请先生为陆题书签，追到颐和园，所得则是先生死讯。[①] 卫聚贤以《〈春秋〉的研究》和《〈左传〉的研究》为论文毕业，渐由信古转向疑古，在学术视野和研究方法上有着"质的飞跃"。毫无疑问，正是清华国学研究院的培育，令卫聚贤得以在学术道路上扬帆起航。中西交融的学术环境，学术门径的纯正引领，使卫聚贤既得以吸收经学、小学、史地方面的知识与研究方法，又能获悉并参与前沿的学术对话，奠定养成做学问的能力与习惯。他在学术研究方面终身孜孜矻矻，好发新见，未随波逐流，尤重古史与考古，重视社会事务，创办学术刊物、开展民众教育，诸多成就，均与在清华国学研究院期间所受的教育与影响密不可分。

三、遍踏江南寻踪古文化

清华国学研究院毕业后，卫聚贤因母丧返回山西，与朋友合办兴贤大学，担任副学监，完成《〈国语〉的研究》，与《〈春秋〉的研究》《〈左传〉的研究》合编为《古史研究》第一辑出版。后经同乡、冯玉祥连襟薛笃弼引荐，拜会蔡元培，任南京大学院（教育部前身）科员，专事审查历史教科书。北伐结束，卫聚贤受派北平，接管北洋军阀政府的教育部，担任编审兼南京古物保存所所长。古物保存所前身为江苏省办，1915年由江苏巡按使韩紫石倡议创办，用以陈列明故宫遗物，内分古物、图书、总务及民族史料搜集处四个部门。所内办公条件有限，规模实甚简陋，

[①] 卫聚贤：《王（国维）先生的死因，我知道一些》，《中国时报》（台湾）1984年6月3日。转载自陈平原、王风编：《追忆王国维》，北京：生活·读书·新知三联书店，2009年，第259-260页。

辟室一二间，陈列一些石斧石锥之属，也有些出自唐宋仕宦人坟墓的陶制人首偶像。卫聚贤主事后，广搜古物，加之主持发掘明故宫、栖霞山六朝墓等，令馆藏古物数量急剧增多。据统计，至1935年时，所藏文物达五千余种。1937年，日军侵华，新任所长舒楚石，选择便于携带的118件文物西迁，余下古物多随南京沦陷而横遭兵燹。①

任职南京古物保存所两年多，卫聚贤的学术研究迅猛发展。一是，主持发掘南京栖霞山六朝墓时，在焦尾巴洞、甘夏镇西岗头及土地庙侧三处，发现了石斧和几何纹陶，卫聚贤断为新石器时代遗物，提出江南有新石器时代文化。此外，主持发掘明故宫遗址，推测为工部所在。1930年10月30日至11月8日，由美国华盛顿弗利尔艺术馆（Freer Gallery）资助经费，在山西万泉县发掘汉汾阴后土祠遗址。二是，参与墨子国籍论战，支持墨子是印度人等说。三是，出版《古史研究》第二辑，考证《山海经》《穆天子传》等作品，认为秦汉之前中西已有交通。这些学术观点，在当时皆引起激烈讨论。

1931年，33岁的卫聚贤受聘北平女子师范大学研究所研究员兼图书馆主任，主持山西万泉县荆村新石器时代遗址发掘。该项目由山西省立图书馆附设博物馆、北平女子师范大学研究所、美国弗利尔艺术陈列馆三方合作，发现了圆形窖穴、炉灶等，掘得各类石器、骨器、粗印纹陶器多件，以及早期乐器"陶埙"等。后因此事卷入师大与山西图书馆的纠纷，被师大解聘。②待业期间，卫聚贤暂住北平山西蒲州会馆，结合摩尔根《古代社会》之类理论，研究中国社会发展史，撰成《母系时代》《奴隶社会》等篇，后合编为《古史研究》第三辑。又在《进展月刊》上

---

① 孟国祥：《烽火薪传——抗战时期文化机构大迁移》，北京：商务印书馆，2015年，第90-96页。
② 卫聚贤在《鲁智深传》中说："师大研究院欲大事发掘，恐山西不准将古物运出，乃聘鲁智深为研究员，与山西省立图书馆订立合同，以在山西发掘得古物，运到北平整理，一年以内运回山西陈列，山西恐师大不能践约，由鲁智深担保，鲁智深乃到万泉县荆村瓦渣斜发掘新石器时代遗址毕，运古物到了北平，师大将鲁智深解约，而古物未发还山西，报告书亦未出版。"

发表《吴越民族》一文，判断吴越民族与文化是独立起源，非受西北文化影响，乃江南新石器文化的早期代表。文中材料有限，更多像是一种假说，当时未引起学界注意。

不久，因爆发"一·二八"事变，卫聚贤不得已回乡，任山西十年建设委员会委员，又在国民师范学校授课。1932年秋，到上海暨南大学讲授"中国上古史"课程。其间，撰成《历史统计学》，出版《中国考古小史》。卫妻韩雪梅病逝，续弦黄中英。当时，卫聚贤有着雄心勃勃的研究计划，计划三年内完成百万字《中国通史》，到西北开展考古发掘工作，至南洋、印度旅行，从缅甸、云南、广西、广东、福建回，考察先秦时代中印文化沟通之迹等。① 次年，卫聚贤离开暨南大学，在上海中国公学任商学系主任，并同时在持志学院正始中学授"中国经学史""考古学小史"等课程，出版新版《古史研究》第二辑两册、《历史统计学》。这几年的工作使卫聚贤深感彼时大学教育之弊，"国民政府成立以来，对于学生资格限制甚严，而且对于自然科学极力提倡，是以文学院学生的程度较低，用不着有研究的人为教授，教授就随着校长的存废为转易"，"政界上失败的人也攒入学界，学校成了争夺饭碗地"，而学生不用功也可得到文凭（卫聚贤《鲁智深传》）。他曾发表《改革大学教育的一个方案》，主张去校长私权、退坐享虚名的教授，学生培养方面严进严出，以使他们求得真学问等。大概由于对当时学校制度的失望，卫聚贤很快离开了教育界。

1935年，卫聚贤发起"中外文化协会"，担任学术主任、中匈委员会委员，出任上海中央银行经济研究处专员和协纂。这一年的5月，一枚出自疑似古国奄城遗址（武进城南二十里许）的石球，引起了卫聚贤的注意，遂与张志良、金祖同、蒋大沂等作二次试探，得数百陶片，疑似新石器石物三四件等。8月，探访金山卫戚家墩，又得疑似新石器时代古物陶片。考古工作中陆续发现新石器时代遗物，卫聚贤愈加坚信江南有古文化，吴越文化有着独立于中原文化的发展历程。1936年2月，在常州奄城、松江金山两地发现的古物陶片，于上海文庙路民众教育馆展

---

① 卫聚贤：《新年的梦想》，《东方杂志》1933年第30卷第1号，第62页。

览，引起轰动，上海市市长吴铁城等二千余人参加。5月，在杭州古荡发现新石器时代遗址。为了更进一步探索研究江南古文化，卫聚贤与吴稚晖、叶玉甫等于上海成立"吴越史地研究会"，推举蔡元培为会长，吴稚晖为副会长，卫聚贤担任总干事，旨在研究吴越（以江苏、浙江二省为限）地区的前期文化，证明当地五六千年以前已有极高文化，而非如传说所云春秋时代尚为蛮荒之地。① 此后，施昕更于良渚发现黑陶，更加证实了卫聚贤的观点。毫无疑问，在江南古文化的研究方面，卫聚贤有筚路蓝缕之功。

四、营造战时学术讨论的一方天地

卫聚贤在上海中央银行经济研究处工作期间，除着力研究吴越早期文化之外，还陆续出版《十三经概论》《古史研究·第三辑》《中国考古学史》《楚词研究》等论著。同时，调查山西票号，采集诸多颇有研究价值的珍贵资料。1937年，日军全面侵华，上海闸北被焚，卫聚贤避居法租界金神父路花园坊，分租房屋收入百余元开设织袜厂一间，所入较丰。雇用了十余人编辑《字源》，以帮助民众更好认识中国方块字而提高教育程度；为作宣传，私人出资，又于1939年2月在上海创办《说文月刊》。封面用"汉洗"图，花纹是"鹿鱼"，取其谐音"禄余"，暗示是用其薪俸之余发行的刊物，目的是研究学术而非借此盈利。② 至1947年1月，近九年时间，《说文月刊》共出刊48期，1941年曾因上海沦陷而停刊，1942年8月15日在重庆复刊，出版巴蜀文化、史蠹、水利、西北文化、吴稚晖先生八十大庆纪念等专号。

《说文月刊》的内容涉文字、训诂、语言、历史、考古、古钱、文艺等，"纯以研究学术，发扬文化，提倡纯正思想为宗旨"，崇尚学术创新，反对言之无物，主张证据多而议论少，"不问其结论是否正确，反对泛泛的

---

① 蔡元培：《吴越史地研究会成立开会词》，《申报》1936年8月31日。
② 卫聚贤：《吴越考古汇志》，《说文月刊》1940年第1卷合订本，第394页。

空论及颠之倒之的将几句老话说了又说。更反对将谄谀的文字及不相干的捧场的无聊信件登载上去，空占篇幅"（《说文月刊》1940年第一卷序一）。孔令谷也在为《说文月刊》第一卷合订本写的序言中特别追溯了王国维的学术研究，认为一代有一代之学术，王国维先生之所以在学术上取得如此大的成就，主要是因为采用了比清儒较新的治学方法，这并不是故为新奇以惑世，乃是学术环境下不得不接受这新的方策，而自己开辟了一条大路。《说文月刊》将以此自励，不囿于先儒们的藩篱，"尊重外来的新发见、新结论，以与我国古文相引证，而求其真正的可信的面貌。我们要用书籍外的土中遗物、社会遗俗、口中遗声、域外遗迹来解决我们所要讨论的问题，这些问题先儒们或者是不曾解答了，或者解答了而中有讹误，或者似解答了而实未解答"（《说文月刊》1940年第一卷序二）。

《说文月刊》的学术文章虽所涉甚广，但有着鲜明的学术立场与观点。一是古史方面，相信中国古代也有图腾制度，认为世界文化在上古曾互相沟通，中国文化发生于东南，主张神话还原论，即重视神话中包藏的史料价值，以及"三代一源说""苗夏同源说""古大人同源说"等。二是力图通过文字学研究探求古史研究新途径，以民俗学说明文字，以文字学说明民俗古史。三是经济方面，偏重经济史的发展、历代货币的沿革、政制的改革、中外交通的一般现象、古代民族对于经济的观念及其组织等。锐意创新、不囿陈说、视野开放的《说文月刊》在开刊的第一年即广受学界关注，丁福保、赵景深、蔡凤圻、马叙伦、胡朴安、郭沫若、金祖同、陈志良、杨寿祺、吕思勉、杨宽、常任侠、姜亮夫等都陆续在《说文月刊》上发表论文，刊登了文字音韵、考古、民俗、神话、医学、宗教、经济、音乐等方面颇有新意且至今仍被参考援引的论文，如陈志良《图腾主义概论》等，以及对广西等地少数民族民俗与音乐的考察等。除此，《说文月刊》还特别注意刊登各地碑刻释读、新出土器铭考释、最新的考古报告，追踪引介海外学人的研究，如第一卷合订本就曾介绍高本汉（Klas Bernhard Johannes Karlgren，1889—1978）、芬戴礼（Daniel. J. Finn，1886—1936）等汉学家，并刊登其论文。《说文月刊》新论频出，办刊不久，就获得"该刊瑕瑜互见，然新创独得之论亦往往而有"（《说文月刊》1940年第一卷序二）的赞誉。

1939年夏秋之际，因汉奸威胁，卫聚贤不得不向中央银行申请调离，经香港、越南、云南、贵州，辗转到达重庆，升职为秘书。在抗战大后方重庆，卫聚贤在学术研究与社会事务方面，皆成绩斐然。当时，大批文化人士聚集西南，民族危机刺激着学人反思与讨论中国文化有无出路等问题，同时也为西部研究带来了契机。随着西南地区考古工作的推进，巴蜀有无古文化的问题，似乎有新的答案。1940年，卫聚贤与郭沫若等合作发掘重庆江北汉墓，发现西南地区的文化程度远比想象中高，后又在成都白马寺文物中发现早期文化痕迹，由此首倡"巴蜀文化"命题，认为巴蜀地区有着独立于中原文明发展的另行脉络。参照"吴越史地研究会"的经验，卫聚贤、郭沫若等发起成立"巴蜀史地研究会"，成员有沈尹默、马衡、金静庵、缪凤林、常任侠、杨家骆、蒙文通等数十人，主要负责组织发掘，刊行巴蜀文化刊物，发扬、研究巴蜀文化。直至20世纪末，巴蜀文化都是考古学上最受瞩目的论题之一。此外，卫聚贤还和于右任等探访川康、西北，远赴敦煌，记录了彼时敦煌古物的状况，并就如何保护古物向政府建言。其间，曾受聘西北大学文学院院长而未就。

受中央银行总裁孔祥熙支持，《说文月刊》在重庆复刊，成为中央银行经济研究处特种刊物之一。作为战时少有的优秀学术刊物，《说文月刊》是学者发表新见、讨论问学最重要的阵地，"巴蜀文化""西北文化"等专号，登载诸多至今仍有一定影响力的重要成果。然而，战时欠缺稳定经费，《说文月刊》的运营常有难以为继之窘。尽管卫聚贤通过募捐、刊登广告、增加售价等途径努力解决经费问题，仍然常面临停刊危机，直呼"大法师的法轮有些不灵活了"（《说文月刊》1943年第三卷第十期编后记）。1943年，为节约成本，积聚力量共建文化事业，卫聚贤与商承祚、罗香林、傅振伦、黄芝冈等发起成立"说文社"。"说文社"包括出版部与两间书店，工人最多时有一百五十人，堪称战时重庆少有的大宗印刷厂。在经费紧缺的情况下，说文社仍然刊行了鼓舞民族士气的大量学术、戏曲和历史书籍。因为这些工作，卫聚贤在重庆文化界承担了"召集人"的角色，他在朝天门依山所建的石屋"聚贤楼"，是重庆文化界人士的重要据点，郭沫若、周谷城、马衡等都是这里的常客。卫聚贤时常请朋友们到"聚贤楼"喝茶和摆龙门阵，苏雪林曾提到，《说文月刊》被比作"救济机构，凡在该刊投过稿者，稿酬十分丰厚，逢年过节，在渝者各赠食物等礼品，道远者则寄土布数丈。当时传为佳话"。《说文月刊》与说文社在抗战时期坚持"以学术救亡"，在文化界声名远播，登载的文章多能反映当时学术研究的问题前沿，是研究抗战前后学术史的重要文献。

旅居重庆期间，卫聚贤除继续编纂《字源》、整理并出版《山西票号史》，还踏入"现代史"研究领域，出版《帮：中国帮会·青红汉留》《党：中国各党各派现况》《红帮汉留人物故事》《江湖话》等，记录了彼时大量珍贵的调查资料，又对流行小说展开考证，发表或出版《杨家将及其考证》《包公案及其考证》《彭公案考》等，编写《雷峰塔》《端节》等戏剧剧本，撰《四书新注》，并将钱币研究的成果汇为《古钱》（与丁福保合作）一书出版。因工作需要，卫聚贤遍访西南、西北诸地，足迹所到，特别留心搜集古物，眼光独到，所获甚丰。战后，卫聚贤又到武汉、南京、上海、杭州等地，搜集过两次古物。前后所得，共计一万八千三百多件，品类繁多。① "这些档案、钞票、门神、边地民族服装，在一万八千三百余件古物中，当日在册子上只作一件计算的。如果把这些一件一件计的话，古物总数在十万件以上"（卫聚贤《政学系与我的恩怨》），卫聚贤曾计划在成都开一间通俗博物馆，以飨普通民众。参观或搜集古物时，卫聚贤随见随记有《文物门神年画展览目录说明》《华西大学博物馆参观记》等，

---

① 如档案类，包括在成都官宦后裔家搜集到清代"武功牌""监生执照"，日本人在广西、安徽、湖北搜集到的大批旧档案，国民政府、汪精卫办公室的机关档案等；钱币类，包括中央银行拟销毁的旧钞票，"二战"后中央银行印制的越南钞票等；门神类，共两大箱，有获他人转出者，其中北平的门神居多，还有光绪三年的灶神，有委托中央银行在全国八十八个地区过年时搜集之门神等；边地民族的服装，包括在甘肃安西县搜集到的喀萨客族服装，在雅安搜集到的藏族、罗罗族服装，在贵州、桂林搜集到的苗族、瑶族的服装和首饰。

为今人的研究提供了不少有用的线索。

面对民族的生死存亡，有良知与社会责任感的学人，无不思考着如何用自己的方式为社会贡献心力。一向关心社会民生的卫聚贤，积极投身公众教育，组织说文社与重庆市民教馆联合举办宗教与民俗、古今货币、瓷器古物，以及民族女英杰秦良玉遗物等系列展览，编写中国历代名贤故事集之《勾践》，出版《唐代征东与青年军》，发表《重庆的古迹与历代抗战的故事》等，希望唤起民众抗战必胜、建国必成的新信仰。甚至，针对后方缺纸少墨的情况，"智多星"卫聚贤曾为交通部设计"节约信封"，出谋划策改良丧葬墓志，甚至计划成立西北盐碱化学有限公司，将山西垣曲县的四交河作水力发电，制造盐碱。后两件事，最终虽未办成，但足见他对社会事务的热心。

五、从香港到台湾的教学生涯

1951年年初，因政治立场不同，卫聚贤在重庆拿了"通行证"前往绥远探望其女，在武汉遇到由北京过来的友人，相携至广州，从深圳铁丝网下进入香港边界。卫聚贤曾与生活同样拮据的饶宗颐先生蜗居在上环永乐街伟联行的办事处阁楼。后来，受聘于珠海书院，每月港币八十元，经济上有所缓解，遂迁居至筲箕湾富斗窟村的山头木屋，因而取笔名"斗筲之人"。次年2月，卫聚贤担任香港大学东方文化研究院研究员，月薪港币八百，又迁居至港大附近的"般含道"（取笔名"班汉道"）。此后，卫聚贤陆续任教于联合书院、远东书院、华夏书院、崇基书院等。在联合书院的三年间，卫聚贤共授课十三门，包括中国史前史、中国上古史、中国中古史、中国通史、中国社会史、西洋华侨史、史学方法、史学名著选读、春秋左传、孟子、文字学、训诂学、乡村社会学等。每门课程皆悉心备课，如为"史学方法"课程特意编写"封神榜故事探源"，为"南洋华侨史"编写"中国人发现澳洲"，还曾特地前往婆罗洲古晋、马来西亚柔佛、新加坡收集材料。如此用心，加之不时融入独到见解，使卫聚贤的课程多能调动学生兴趣，例如文字学课程，学生评价"在未上文字学课以前，以为文字学是一门枯燥无味的课，恐不容易了解；及上课以后，对于文字学发生了兴趣"①。

在港期间，卫聚贤一家时常陷入困窘，"联大书院月薪港币一百元，远东书院只有上课时有薪，年拿七百元，华夏书院一个钱没有，还要贴路费。我的两个小孩要读小学、中学、大学。我的太太是江苏高邮人，出生于大家庭，能作几手好菜，朋友请客，教会作家庭礼拜都叫她去作菜，每次给数十元及百元不等。在家中作包子由我提上篮子送到教会出售。学生念我的境遇，过年过节都送我些钱，少者十元，多者数十元，学生多了，送的总和起来数目也不少"②。困顿至极，遂向香港西区福利机构申请救济，获准由1971年11月起，每月领取救济金港币一百五十元。即便如此，卫聚贤仍想方设法继续出书，自印"说文社中兴丛书"，包括《"北京人"的下落》《黎明的前夕》《互助与斗争》《水牢》《中国预言》《智慧创造世界》，又有《封神榜故事探源》《中国社会史》《笔序字典目录》《中国饰物》《中国人发现美洲》《中国人发现澳洲》《么些文字典》《如何认识中国文字》（该书为中英文合刊，助益外国人识字，绝大多数销往美国与欧洲）等。

自18世纪法国汉学家德·吉涅（J. de Guignes）提出中国人最早发现美洲说之后，这个问题就被历史研究者热议，章太炎、陈志良都曾对此发表见解，后者在《说文月刊》曾发表《中国人最先移殖美洲说》，认为早在殷民族东迁就已到过美洲。一向对中西交通史颇感兴趣的卫聚贤，自然特别留意这件事。1961年夏初，卫聚贤偶然间看到《春秋》上有"六鹢退飞过宋都"，认为会退飞的鸟仅有美洲的蜂鸟，遂以此研究中国古代与美洲的交通的问题。1969年，卫聚贤出版《中国人发现美洲》，引发学界持续热烈的讨论。1974年，为了验证中国人有无可能在两千年以前横

---

① 卫聚贤：《文字学》，台北：黎明文化事业公司，第17页。
② 卫聚贤：《政学系与我的恩怨》，收入《政学系与我的恩怨》，新竹：张天然出版社，第74页。卫聚贤在香港应该又娶妻陈幼平，育有卫香生、卫港生。见卫聚贤《香港》（《政学系与我的恩怨》，第29页）文。

渡太平洋到达美洲，奥地利人类学家库诺·克诺伯尔（Kvno Knobl）和其他七位丹麦人、美国人组织了一个探险队，在香港仿广州出土的汉代陶船，制造了一艘帆船，长60英尺，取名"太极号"，于6月18日起航，横渡太平洋。他们提出和卫聚贤合作，得到材料请他加以考证。航船沿日本海岸向东北漂流，最终抵达美国的阿拉斯加。

1975年，77岁的卫聚贤赴台定居，与阔别多年的女儿卫灵均相聚，苏雪林从台南赶往欢迎。卫聚贤任职辅仁大学，教授古文字源、古器物学等课程，自印《中华民国考》《古器物学》《龙年谈龙》《尧舜禹出现于甲骨文考》，考察台湾高山族与大陆族群的关系，著有《台湾高山族为越民考》《台湾山胞由华西迁来》《台湾山胞与越闽关系》等。曾在王汎森的陪同下，前往南港胡适墓祭拜。1980年，82岁的卫聚贤仍笔耕不辍，考察台东卑南古墓群、长滨的八仙洞等，提出卑南文化的发掘计划，述及发掘台东卑南乡古墓及设山胞生态陈列馆等计划。1982年，卫聚贤《政学系与我的恩怨》由台湾张天然出版社出版，该书收录《毛公鼎的真假问题》《清华研究院》《战前和战时》《香港》《陈寅恪先生之死》《政学系与我的恩怨》《卫大法师》《捣蛋》《中国帮会的复兴》《常用字解序》《吴国与日本》等曾经发表于《天然》杂志的文章共40余篇，其中有多文叙述自己一生的行迹。

1989年11月16日卫聚贤于新竹逝世，享年91岁。

六、大胆提问与推崇创新的治学观

陈寅恪在《陈垣〈敦煌劫余录〉序》中说："一时代之学术，必有其新材料与新问题。……治学之士，得预此潮流者，谓之预流。"清华国学院是培植学子预此学术潮流的土壤，引导他们深入学术研究的堂奥，自发成立学社、出版刊物以即时、公开表达学术观点。早在清华学校时，卫聚贤就表现出超人的魄力，与同学成立"述学会"，撰《国学月报》发刊词，自信地说："我们是极恨这种'顽固的信古态度'及'浅薄的媚古态度'的。我们宁可冒着'离经叛道'的罪名,却不敢随随便便的信古;宁可拆下'学贯中西'的招牌,却不愿随随便便的媚古。"置身疑古思潮的洪流中,卫聚贤逐渐形成了重视提问、善于提问、大胆假设的治学态度。

卫聚贤认为学者的天职就是提出命题,"学术讨论,犹如议会的提案,凡出席会议的人,都有提案的义务"(《说文月刊》1940年第一卷序)。大胆假设,使卫聚贤时有创获。如,他看到在南京发掘六朝墓的过程中发现新石器,陆续又在金山、杭州等地发现,遂提出江南地区有新石器文化的命题,把江南地区的古文化大大提前。又,他判断成都白马寺出土为早期文物,提出巴蜀有与中原地区不同的文明发展线索。尽管他的文章存在证据不足的问题,但是对这一命题的大胆假设使国内外更多的学者关注并参与其中。随着20世纪考古发掘的不断推进,这些结论最终得到证实。

卫聚贤坚持自己的观点但也不顽守,自言"是个心地坦白的人,不愿自尽,也不受人恶意攻讦,而轻变立场。这是我所抱的治学态度"(《说文月刊》1940年第一卷序),又强调"学问是研究出来的,应有自由发展的余地,对不对是另外一问题,特别是古史的研究至今在萌芽时期,比如言语,考古到现在还没有考证清楚,所以我这个意见,也许三五年后自己也要推翻的,但在我还没有获得新的见解以前,我仍旧坚持这个主张"(《中国古代社会新论》)。同事兼好友孔令谷评价他"主张学术思想,应绝对自由,不应固执于己见,入主出奴,也不应坚壁清野,闭目不视"(《说文月刊》1940年第一卷序),可谓公允中肯。

做学问要将目标聚焦于解决问题,既不以私心独占史料,又要避免将个人情感带至学术论辩,以开放的态度对待不同意见。他判断成都白马寺出土物为蜀国遗物,提出巴蜀文化这一独立于中原文化的概念,当时因为证据不足、论证不严等问题,有不少学人提出反对意见,商承祚就是其中之一,然而卫聚贤一直催促他撰文发表。商承祚说:"聚贤向我征稿的时候,我就同他说写一篇《成都白马寺出土铜器辩》,是同他绝对对立,拿客观的眼光来判断,作学术上的检讨,抛弃主观,不作强词夺理与人歪缠。他一口允许，并且极端的赞同。时时催促我赶快写。确实难怪，我是伏广将军、医中圣手，是来启复他的理智，是来医治他的沉疴，他如何不高兴欢迎！"论辩双方的自信与对彼此的尊重跃然纸上。

也许是抱持着"提出假设具有非凡意义"的观念，卫聚贤认为"研究学术只要思想不落伍，方法精密些，就是证据不大确凿，也可继续去搜寻，至于结论的不大适当，暂不要管他。……研究学术，也应当先有个假设的结论"(《古史研究·第二辑》序)。大胆假设之后，由于论证过程不严密，结论往往难以成立，有时甚至陷入"结论先行"的泥淖。在其古史研究中表现尤为明显，同毕业于清华国学院的朱芳圃，就批评卫聚贤取材不精确，又加以附会，易发生伪造事实、曲解古书、妄立系统等弊端。童书业指出卫聚贤对《穆天子传》《山海经》的考证存在过于武断、倒果为因、谬解古书、穿凿附会、论据怪诞、妄事臆测等六大问题。

卫聚贤的大胆假设有时等同于大胆想象，主张墨子、老子是印度人，扁鹊的医术来自印度，屈原在历史上并不真实存在等惊世骇俗的观点，以致他的认真求证常因论证不足、推论过简而显牵强附会。然而，他乐于观察、勤于思考和记录、善于发现问题、不为陈见所束的治学风格也给了他许多宝贵的创见，朱芳圃在批评之余也赞扬他立论新颖，不为前人陈说所宥，诠释古书，时有特见，足令抱残守阙之徒，惕然自省。

因为善于发现问题，以及由此驱动持续不断想要解决的探索欲，卫聚贤随时留意日常生活中的所见所闻，并不受所谓史料类型的束缚，举凡墓志、族谱、民俗调查、口述记录等皆应为我所用，而在"处处留心"中往往又能发现新的问题，这考验着研究者的智识与眼光。卫聚贤与于右任等探访石纽，就特别注意采集石斧、陶俑、石刻等资料，同行者作诗调侃说"考古大家卫聚贤，目如电溜口河悬。乘危远迈羌夷寨，到处逢人问石棺"，地下文物和口头叙述皆能吸引他留意。

"处处留心"所潜在累积的"过眼经验"，为他带来诸多研究灵感。如对新石器的持续关注与采集，使他判断"江南地区有古文化"；偶然间看到一些零散的文物继而又实地探访，逐步勾勒出"巴蜀文化"的命题；

对家乡古建筑的探访，使他写出戏曲文物研究的开山之作《元代演剧的舞台》；在调查山西票号时，除广泛采集票号合约、号规、红账、信稿、账册等原始资料之外，还记录票号人士的口述以及墓志铭等，使他的《山西票号史》至今仍具有重要的参考价值。

除此，卫聚贤还关注现实社会，勤于动笔，收集、整理了研究民国社会史的重要资料。1947年重庆石柱传出奇闻，杨妹九年不进食引发社会热议，重庆市卫生局甚至成立了研究委员会力图找出杨妹不食的"科学根据"，但最终证明是一宗"伪新闻"。卫聚贤注意整理当时关于这桩事件的各类资料，汇总为《九年不食的杨妹》，这是研究民国时期社会生态的鲜活史料。此外，他对当时秘密社会组织的追踪，至今仍为此领域的重要参考。

史料的收集、整理，最终是为了更好地运用史料以解决问题。卫聚贤主张材料多，议论少，认为读者从排比的材料中自然能得出结论，反对发空论，强调尽可能查阅、使用一手材料。他的研究常常综合运用人类学、古文字学、文献学、神话学、民俗学、地理学等方面的知识。中国现代考古学兴起之初，在考古学与历史学之间就存在壁垒，卫聚贤指出"研究考古的少有研究历史的，研究历史的亦少有研究考古的"，然而研究中通常需要同时借助地上与地下材料来解决问题，"不懂考古学的发掘古物是毁坏古物，不懂社会学的发掘古物是埋没古物"。史料的搜集、整理是史学研究的基础，卫聚贤认为学术重在研究，应公布史料，促共同研究，有时因担心材料公布不全，他就索性亲自作古物的调查与发掘。

材料是研究的砖头，还需要研究者的设计修建，方才构成牢固的建筑。卫聚贤的古史研究，一方面注重历史地理、文字学、音韵学，从文法考证古书本等；另一方面，运用统计学的方法来展开研究可谓其最大特色。随着西方及日本史学的统计学传入，至20世纪20年代，中国史学界开始倡导新史学之历史统计学。卫聚贤在大学时曾学习过统计学，但将统计学运用到历史研究中，则主要受梁启超的鼓励，以研究《春秋》《左传》《国语》的作期、作地等，最终撰成《古史研究》进入史学研究领域。

历史统计学的兴起是20世纪初科学主义盛行的结果,"自然科学要试验,社会科学要统计",卫聚贤认为历史学也有必要借助统计学的知识来进行"科学地"研究,"社会学需要统计,是大家都知道的;而历史学需用统计,向来没人注意,虽有人常喊着:'用科学方法整理国学'的口号,但是作的人很少"(《历史统计学》自序)。在他看来,历史统计学是整理国学工作中不可或缺的科学方法,"发表言论,理论也圆通了,证据也确凿了,但方法不精密,不足以作定论"(《应用统计的方法整理国学》)。

运用统计学展开研究,除通过统计数据以发现问题,更重要的目标是通过数据结果以推求原因、发现问题,如果将考察时段拉长,则还要分析发生了怎样的变迁及其理由等,即回到史书中去探寻各种作用结果的原因。他在研究中广泛使用历史统计学,也因此发现了一些前人忽略的问题,如讨论《山海经》作地部分所举证的二十三项子题,用统计学的方法归纳《山海经》中的现象、中国的现象、中国以外的现象等,虽然结论多令人难以信服,但这些不同地理分布偏向的统计数据的确提出了关于《山海经》材料来源的一些新问题。除此之外,卫聚贤运用统计学整理晚清民国山西票号、帮会的一些资料,具有重要的参考价值。

1934年,卫聚贤的《历史统计学》出版,包括"历史统计学"与"中国统计学史"两部分。曾撰《统计的训诂学》的胡朴安评价说:"虽一小册,而开研究历史者之一新途径"(《历史统计学》序)。中国统计学会会长盛俊的评价可为当时历史统计学的兴起作注解:"今以统计方法来治史,矫正向来以文学治史,以人生哲学治史的流弊,不但我国历史的改造,利赖于此,就是从纠正人心改良社会着想,也是一服对症药剂。"

七、何以怀念:自省与前瞻

卫聚贤曾自言学术研究有三变:在山西信古,在北平、南京疑古,在上海为有信有疑。从心潮澎湃地追随热闹到冷静独立的反思,反映了他的成长历程。他推崇学术创新,斥墨守成规为懒惰,提出了一些具有开创意义的命题,这份勇气、自信与笃定,与他在清华国学院短暂却受益终身的学习经历密不可分。"老清华国学院以研究中国传统文化为本色,但从一开始就不是守旧的,而是追求创新和卓越的,清华国学院的学术追求指向不是限于传统的学术形态和方法,而是通向新的、近代的、世界性的学术发展。"① 此外,国学院诸先生言传身教,鼓励学子树立大志向,"做人必须做一个世界上必不可少的人,著书必须著一部世界上必不可少的书"(《鲁智深传》),这样的氛围潜移默化地培养了学子独立的思想与不凡的气度。卫聚贤晚年在台湾积极筹划建设公众文化教育博物馆,以"天下本多事,庸人不理事"自警,这种价值观与梁启超先生的主张很是契合。梁先生曾教育国学院学子于事上磨炼,"希望以改造社会风气为各人自己的责任……将来无论在政治上、或教育上,或文化上,或社会事业上……乃至其他一切方面,你都可以建设你预期的新事业,造成你理想的新风气"(《北海谈话记》)。

自20世纪50年代,随着卫聚贤前往香港又定居台湾,他的声音渐渐在大陆沉寂,直至80年代末才重回人们的视野。以学术研究为志业的这份热情,使卫聚贤即便面临生活的绝境也未曾停止写作。虽然他的一些观点不被学界认同,说他"治学同作文章,都不求甚解,写了就罢,说完就算,信不信由你,对不对在他"(商承祚语)。然而,他博览群书,亦为学者所钦佩,"见解不一定全对,甚至有的根本错误,但'好学深思'四个字,总可当之而无愧的"(聂崇岐语)。张光直曾言"够资格称为书痴的人,才能够写考古学史。卫聚贤先生是我的大师兄,他一生以出怪论为著,我一生所最钦佩的读书最多的人就是他"。卫聚贤以"享清福为死亡的等待","我的手脑尚能活动,我就拼命的写",至耄耋之年仍快乐于笔耕。朋友眼中的卫聚贤,待人和厚有礼,自奉俭约,他相信"生活简单了,可以使脑筋简单;脑筋简单了,对事业学问要认真负责。若是吃饭菜的样子太多,调和的味太重了,使脑筋复杂,多方顾虑;平时为滑头,

---

① 陈来:《清华国学院的使命》,《水木清华》2020年第2、3期。

遇难则想两方面吊膀子"。

卫聚贤以"处处留心皆学问，事事如意非丈夫"自警，也因喜爱《水浒传》中鲁智深粗中有细、鲁莽却不失通达，遂用"鲁智深"作为笔名，其治学与对待人生境遇的态度可见一斑。回到学术史，我们还应该看到在 20 世纪上半叶此起彼伏的论争中，前辈学人的困惑、思考与行动的展开过程，细察他们的创见或误区，由此窥探时代、学人与学术风气迁转之间的关系，为不断纵深推进的学术研究提供借鉴。

勤勉为学多创获：罗根泽学述

⊙ 马强才

一

罗根泽（1900—1960），字漱冰，号雨亭，生于河北深县（今河北省深州市）杜家庄村。由于家庭经济拮据，十余岁后，即民国初年，方才进入国小学习。其后，学习生涯时断时续，至有休学跳级之事。考取深县中学后，因无力缴纳学杂费而中辍，转而进入河北省立第一师范学习，旋因校中国文教员不懂文学，与自己的学习兴趣不合，遂申请退学。中、小学共历八载，辗转坎坷，却始终未取得正式学历。

短期彷徨后，始随居家侍母的本县学者武锡珏研习经史和古典诗文。[1] 武氏为晚清桐城派学者吴汝纶之高足，蔼然儒者，学养深厚，"负一方文名"，国学上颇有造诣。他在家开馆课徒，教学环境并不优裕，前后只三间书屋，名曰"北圃学舍"，有学生五六人，不设寒暑假，然师生同处，恬然忘忧。北圃学舍的课程讲授，主要以诗文为主，老师言传身教，学生熏染安身立命之理。此时，罗根泽开始练习写作一些有关先秦诸子的文章。两年后，即1920年，武氏赴北京任职总统府翻译处和都门编书

---

[1] 刘声木《桐城文学渊源撰述考》云："武锡珏，字合之，深州人，河北大学教授，师事张裕钊、吴汝纶、贺涛，受古文法，为入室弟子，淳朴好学，文特醇雅，于文字致力尤深。"（合肥：黄山书社，1989年，第300页）

局担任编辑，罗根泽跟随老师至北京，得以向武氏同学吴闿生、梁式堂等人问学，谈诗论文，学问与日俱增。好景不长，华北大旱，加之皖系军阀失势，罗根泽及同门在秋后被迫四散谋生，遂归赴老家，就任县高级小学国语教师，因为没有学历而受到同仁及学生家长的歧视。

1925年，武锡珏赴保定河北大学中文系任教，罗根泽遂考入该系从师学习，同时在中学兼职任课以补给家用。至1927年毕业，华北时局混乱，河北大学时办时停，他的大学生涯时辍时续，然武锡珏对罗根泽影响甚大。武氏老师吴汝纶为晚清名宿，曾入曾国藩幕府，后又到日本考察学政，归国后不赴京师就任，还乡谋办桐城学堂，传播西学知识，推重经学。光绪年间，吴氏曾做过一任深州知州，之后长期在河北一带任职，维新失败后，避难于深州，带领深州一带成为桐城派的"殖文地"。武氏曾求学吴门，接续桐城文脉，亦能于传统乾嘉考据之学中融入西学眼光。这也启发了罗根泽既重视诸子考辨，也重视文学研究，在步武传统考据学问的同时，注重对西学方法的吸收。

如果说"北圃学舍"的学习生涯，是罗根泽"学文的始基"，清华国学研究院的读书生活，则是他"治学的始基"。递嬗之间，似乎也暗示了桐城文风的衰落和新学的逐步强盛。罗根泽于1927年春到清华园"晋谒"梁启超，同年7月，投考并被录取为清华学校国学研究院国学门第三届学子。9月7日报到入学后，他选择的是"诸子科"，指导老师为梁启超。在国学研究院，得到自己仰慕已久的导师指引，自是十分兴奋，遂以极大热情开始了自己的学术研究生涯。与罗根泽一起进入国学院学习的还有王省等13人，其中经招生考试正式录取者11人，包括王省、吴宝凌、叶去非、蒋天枢、葛天民、储皖峰、张昌圻、门启明、蓝文徵、马庆霨等。分别于1925年、1926年录取的裴学海、马鸿勋，此次亦准予入学。此外，国学院还有上两届留下来继续进行研究的同学11人，包括刘盼遂、姚名达、吴其昌、宋玉嘉、颜虚心、刘节、戴家祥、司秋沄、朱芳圃、谢念灰、侯堮等。他们中大部分人，日后与罗根泽有着长期的交往，如刘盼遂就曾推荐他到河南大学工作，其他诸如侯堮、蓝文徵、蒋天枢等人，在抗战时期的重庆，常与之见面往来。在研究院，罗根泽还被选任为同学会主席，统筹主持王国维纪念活动等事。①

罗根泽在国学院所接受的教育情况，从1927年9月至1928年6月国学院教师及其开课情况中可管窥一二：

> 教授：梁启超讲授历史研究法、儒家哲学；赵元任讲授方言学；陈寅恪讲授梵文文法。
>
> 讲师：李济讲授考古学；林志钧讲授人生哲学。
>
> 助教有王庸、梁廷灿、浦江清、赵万里等。此外，国学院还曾增聘朱希祖为兼职讲师、梁思永为名誉助教、余永梁为助教。

一年学业完成后，罗根泽与门启明、侯堮、张景埅、葛天民、颜虚心、蓝文徵、蒋天枢、储皖峰、马庆霱等同学十人，选择了继续留研究院研修一年。但是，梁启超先生自1928年6月开始，移居至天津租界休养，遂改由陈寅恪先生指导。②因此，就日后学术研究来看，罗根泽不仅受梁启超先生的影响，同时对陈寅恪先生的学问和思想也有所承继。如罗根泽1933年撰写《〈战国策作于蒯通考〉补证》一文，其根据就是陈先生与刘盼遂发现的佐证。

1928年7月，清华国学院最后一届招考新生，仅录取三人，即裴占荣、徐景贤、王静如。9月12日，最后一年的开学典礼后，研究院第四届学生开始迎来新学年。国学院教师及其授课内容如次：

> 教授：陈寅恪讲授梵文文法（每周二小时）、唯识二十

---

① 《清华周刊》，第434期，1928年，第521页。
② 梁启超先生于1928年年初，肾病日益严重，医生建议休养，遂2月中旬向学校提出辞职，至此几乎未到清华授课。5月请辞去清华国学院教授职务，经校方及教务长梅贻琦先生挽留，始同意担任通信导师。然而，1928年毕业生的成绩陆续寄往天津家中，却因战事紧迫交通阻隔而未能回邮。秋，推辞掉清华的教务之后，到天津租界静养，遗憾的是其病情并未因此好转，于1929年1月29日去世，享年56岁。

论校读（每周一小时）；赵元任讲授方言学（第二学期）。

讲师：马衡讲授金石学（每周二小时）；林志钧讲授人生哲学（每周二小时）；李济讲授考古学（赴美回校后）。

在清华的最后一年，罗根泽选定的专题研究是"管子年代考"和"阴阳家源流考"二题，后来提交的毕业论文题目则为《子史杂考》。

为了维持生计，罗根泽在进入国学研究院学习一年后，于1928年考入燕京大学和哈佛合办的国学研究所，因为该所每月提供津贴若干，可减轻其生活压力。在燕大他所学为"中国哲学"，指导老师为冯友兰、黄子通先生，其《管子探源》稿就曾得二位先生指正。① 所以，他的学术研究，受到了梁启超、陈寅恪、冯友兰和黄子通等几位先生的影响，尤其是诸子学研究就明显体现了其学术师承。燕大期间，罗根泽曾与郭绍虞有所交流，启发他萌发了研究中国古代文学批评史的念头，郭氏也曾帮助和提携罗根泽，甚至还推荐他到清华大学中文系讲授一学期古代文学批评史。

1929年6月，罗根泽同时毕业于清华大学和燕京大学。② 两年的北京求学生涯，罗根泽十分用功和努力，撰写了多篇有关诸子研究的论文，为此后的学术研究奠定了深厚的基础。同年秋，由学长刘盼遂介绍，应

---

① 罗根泽：《诸子考索》，北京：人民出版社，1958年，第428页。
② 1929年6月7日，清华大学举行欢送毕业同学大会。当时的《清华周刊》报道说："清华大学部，成立四年来，近年系第一班毕业。旧制之最后一班与国学研究院之最终一班亦均于近年毕业，故本届毕业之情景，有空前绝后之以为存乎其中。"大会主席致辞，"大谈本届毕业空前绝后之意义"。教务长杨振声致辞后，"学生代表李景清君致欢送词。傅举丰君、苏宗固君、徐景贤君，相继代表大学部、旧制部及国学研究院致答词。其中，以徐君之论调与态度最为惊人，宛似天安门前之演说云"。国学研究院本届毕业生共有10人，如期毕业9人。6月21日，清华大学举行毕业典礼，校长罗家伦致辞鼓励，云："研究院的同学，这也算是最后的一班，清华的研究院，在中国是开风气之先，虽然组织方面，未尽适合，但是这一点研究空气，是极可贵的。诸位毕业后，要本在校研究的精神，去继续努力，以求贯彻来校进研究院的初衷。"（《国立清华大学校刊》，第82期，1929年7月6日，第1页）

开封河南中山大学之聘,任国学教授,讲授中国文学史及其他课程,从而开始了"二度的重走到教读生活"的人生第三个时期。他在《乐府文学史·自序》中说:"十八年的秋天,我答应了河南中山大学之聘,讲授中国文学史及其他的功课。"又据《诸子考索》,他在河南中山大学还讲授"诸子概论"一课,曾在1930年3月讲授《管子》,并将《管子探源》印授学生。罗根泽在河南中山大学一直执教到次年上半年,草成《乐府文学史》。

从1930年春开始,罗根泽转职保定的河北大学。对于这段教学生涯,他在《中国文学批评史·自序》中说:"1927年秋,负笈清华大学研究院。越明年,至开封,任河南大学教授。又明年,移保定河北大学。"暑假,罗根泽回到北平,见到顾颉刚,商议编写《古史辨》,并居住于北平南城未英胡同一号,继续修改《乐府文学史》。9月,开始任教于天津女子师范学院,并草拟《乐府文学史·自序》。学期结束,罗根泽回到北平,执教于北平的中国大学。在1932年至1933年初,他居处北平,与顾颉刚合作,编成《诸子丛考》,作为《古史辨》第四册出版发行,影响较大。1933年春,罗根泽在清华大学代郭绍虞讲授一学期中国文学批评史,从6月开始构思写作《中国文学批评史》。他作于1943年的《中国文学批评史·自序》说:"日月遄迈,呆拙濡滞,肇造迄今,忽将十稔。始以讲授清华大学,策蹇疾书,草成一至三篇;秋间增删复讲,翌年笔削付印。"[①] 直到1934年秋,罗根泽一直居处北平,许多重要的学术成果都在此时完成。

从1934年秋至1935年夏,罗根泽赴安庆,执教于安徽大学。《中国文学批评史·自序》说:"惟一九三四年秋至一九三五年夏,赴安庆,任教安徽大学。"在安徽大学,他开设的课程有中国文学批评史。1935年秋回到北平后,罗根泽执教于北京女子师范大学,继续和顾颉刚合作,着手编纂《诸子续考》,即后来的《古史辨》第六册。历时一年有余,该书在"七七事变"前已经印刷完成,只是因日军全面侵华,后由顾颉刚

---

① 罗根泽:《中国文学批评史》,上海:上海书店出版社,2003年,第2-3页。

到昆明再公开发行。据《诸子考索》云:"这篇文章本来是《古史辨》第六册《诸子续考》的序文,全书在一九三七年印讫,因抗日军兴,延到一九四〇年才出版。"①

在北方教书的八九年时间,罗根泽既发表了大量单篇论文,撰写了几部重要诸子学专著,又编著完成两本重要论文集,还编写中学国文教材②,为后来研究中国文学和文学批评史做了充足准备。不唯如此,罗根泽还与当时著名的学人有密切的学术往来,曾得刘盼遂推荐到河南大学和北平高校任教,又与刘盼遂、门启明等交往甚密,经常商讨先秦诸子学术,同邀拜访顾颉刚等,遂加入古史辨学术阵营。他与古史辨派的关系,毋庸置疑,对其学术生涯影响甚巨。

好景不长,1937 年 7 月 7 日,卢沟桥事变爆发,日军全面侵华。北平高校及学界多有外迁,罗根泽挈妇将雏,跟随北平师范大学迁徙,"浮海南来,道出徐、济,南至京师,北返开封,然后西走长安,又随西北联合大学,播迁汉上"。年末,罗根泽随同仁辗转至西安,任教于当时由北平师范大学、北洋大学与北平大学合并而成的西安临时大学。他回忆说,"开学未久,又迁到汉中,迁到城固,改名西北联合大学"。1939 年,西北师范学院从西北联合大学分出独立设置,罗根泽因而任教于西北师范学院。③

由于日寇经常骚扰威胁,经济条件恶劣,陕西的办学条件较为艰苦,

---

① 罗根泽:《诸子考索》,第 279 页。罗根泽参与编辑《古史辨》的过程大致是:从 1930 年夏开始,与顾颉刚多次见面,开始编写《诸子丛考》,到 1932 年末编成后,交顾颉刚视查,遂被列为《古史辨》第四册出版。紧接着,罗根泽着手编辑《诸子续考》,并作为《古史辨》第六册在"七七事变"前编辑完成并印刷出来,但日本全面发动侵华战争,迟至 1940 年方又刊行。
② 《诸子考索》,第 298 页。案:与高远公合编《高中国文选本》(六册),由北京立达书局 1933 年 8 月刊行,其"编辑大意"云编书"目标"有四:培养民族精神;养成用语言语体文叙事、说理、表情、达意之技能;养成了解浅近文言文之能力;养成阅读书籍之习惯与欣赏文艺之兴趣。
③ 在 1940 年 1 月编印的《国立西北师范学院教职员录》中,我们可以看到罗根泽时任国文系教授、国文系二年级导师。

学校可供借阅的图书无多，罗根泽"闻中央大学自京移渝，载书颇富，遂于一九四〇年一月，由陕入川，重理丛残，际千载复兴之运，述先哲不朽之言，曾曾小子，诚不胜忭鼓舞矣"。中央大学调整院系设置，教育学院与其他院系合并，遂进入中文系工作。罗根泽在中央大学，据朱东润回忆，曾开设中国文学批评一门；又有郑文《金城续稿》说曾主讲中国文学史及诸子选读等课程。罗根泽的学术精力，重点集中到中国文学批评史的研究。1943年年初，《周秦两汉文学批评史》《魏晋六朝文学批评史》《隋唐文学批评史》《晚唐五代文学批评史》等四册《中国文学批评史》，作为"中央大学文学丛书"，由商务印书馆推出。这些著作，奠定了罗根泽在中国文学批评史研究领域的重要地位。

到达重庆后，罗根泽和昔日故友重逢，尤其是得以继续与身在重庆的顾颉刚往来，并加入其主持的史学会、经世学社等学术团体且出任理事。除此之外，还与避难重庆的侯堮、蓝文徵等清华国学院同学交往。罗根泽此时在重庆的社会交往主要分为两个方面，一是中央大学的同事，如朱东润等人，一是以顾颉刚为中心的师朋故友。

抗战结束后，国民党的很多机关逐步由重庆迁回南京。从1948年6月开始，中央大学也组织人力物力迁回。罗根泽随着学校回迁的大部队，顺着长江乘船由渝入宁。从此，开始了在南京的执教生涯。1949年4月24日，南京解放。罗根泽最终留在南京继续工作。[①]因为教育政策调整，原中央大学更名为南京大学，罗根泽任中文系教授，讲授中国文学史、中国文学批评史、诸子概论、国学概论、中国学术史等课程。1952年院系调整，南京大学的文、理学院与金陵大学的文、理学院合并，组建成新的南京大学，校址迁往金陵大学。罗根泽及家人，搬往金陵大学。[②]在此期间，罗根泽的主要学术研究是诸子学和文学研究，出版了《诸子考索》

---

① 据罗根泽哲嗣罗兰女士与罗芃先生回忆，在南京解放前后，罗先生曾短暂地到过台湾。
② 在南大校园，罗根泽故居仍保留至今（苏克勤、苗立军编著：《南京名人旧居：散落在大街小巷的流年碎影》，郑州：河南人民出版社，2011年，第375-376页）。

以及为南京大学编写的六朝文学史教材等。为了适应新社会的要求，他开始系统学习唯物主义史观，逐渐运用马列主义思想，重点研究先秦散文、陶渊明诗歌和《红楼梦》等古代文学文化现象，同时还与郭绍虞合作，编辑后来在中国古代文学理论界颇有影响的"中国古代文学理论丛书"。其间，罗根泽还曾担任中国社科院文学研究所兼职研究员，并在1955年加入中国作家协会。

由于长期辛苦工作，罗根泽在1949年后，身体一直不是太好。到1954年，查出患有肝硬化，身体状态每况愈下。至1960年3月，终因肝病急速恶化告别人间，结束他勤勉为学为人的一生。

二

罗根泽的整个学术生涯，继承清华国学院梁、王、陈三位先生文史综合的学风，既有对诸子学术的探求，也有对中国古代文学的考察，更有对中国文学批评史的深研，亦即周勋初先生所言，是三个领域的开拓者之一。[1] 其中，诸子之学，是其最早立志从事和开掘的研究方向。他在《管子探源》中说："根泽束发入塾，酷喜周秦诸子，爱其各明一义，不相沿袭。研治《管子》，忆在一九一五年。"[2] 由着青少年时代的学术兴趣，罗根泽承接晚清诸子学传统，将先秦两汉的诸子放在"学术思想史"的视野下来展开探研。在《诸子丛考》（即《古史辨》第四册）自序中，他描绘了自己的宏伟计划，即编写《中国学术思想史》，诸子学是其中一部分。落实到行动，则"先从事于一个人，一部书，一个问题的研究，然

---

[1] 周勋初：《罗根泽在三大学术领域中的开拓》，见陈平原主编：《中国文学研究现代化进程二编》，北京：北京大学出版社，第150页。
[2] 罗根泽：《管子探源》，《诸子考索》，第127-128页。

后再作综合的研究"。[1] 他为自己的诸子研究划分出了五大种类:[2]

（一）人的研究，对先秦两汉诸子的生平事迹等展开研究。曾计划写一部《诸子评传》，后来商务印书馆所出《孟子评传》即为阶段成果。

（二）书的研究，可分为文字内容和写作年代两个大的方面。对文字内容的研究，主要包括校注、通释、标点、索引等。除标点《管子》等子书外，对此并未投入多少精力。

（三）学说的研究。研究诸子学说，侧重专人与派别两类，曾经构思作一个诸子学案，先后撰成《庄子学案》《荀子学案》《孟子学案》，随着讲学工作的开展又撰成《诸子学案》，但并未出版示人。还有派别研究，在清华学习时，已从事《十家源流考》的工作，对九流十家的宗派关系进行考证，梳理各派学说之间的统一与攻讦；历史研究，讨论各派合一的历史，其《庄子学案》和《诸子概论讲义》都有所涉及；比较研究，所谓"比较"可以分为四个方面，即（甲）两个或两个以上的学派之整个比较，如儒墨之比较研究；（乙）两个学派或两个学派以上的对某问题的比较；（丙）两人及两人以上对某问题之整个的比较；（丁）两人及两人以上对某问题之比较。侧重学术者，只有一种方法，即问题的研究。

（四）佚子的研究。钩沉辑佚已散佚的各家著述，辨伪存真，克服清代孙星衍、严可均等人只重书而不重人之弊，以人为纲进行整理，并注意收集论辩对手的言语以见出其学术思想。在进入国学院后，即已开始着手这项工作。

（五）历代诸子研究的学术史。梳理历代诸子研究，即诸子学术史，可以知晓历代学术升降。

就时代而言，罗根泽的诸子学研究，主要集中于先秦、两汉，涉及

---

[1] 在梁启超先生指导下，国学院学子几乎都曾有过庞大的研究计划，以配合梁先生《中国文化史》的庞大编写计划。正是此大抱负，激励着国学院学子不断进取，勇于探索，甘贫乐道。有学人认为罗根泽的计划过于庞大，似乎是一种弊端，其实没有看到他背后的取向，也没有看到这样的计划对于学子们的激励作用。正所谓"取法乎上"，是也。

[2] 罗根泽:《古史辨·自序》，上海：上海古籍出版社影印，1982年，第4-14页。

老子、墨子、管子、孟子、庄子、荀子、韩非子、商鞅等先秦哲人著述，及汉代陆贾《新语》、刘向《别录》《新序》《列女传》《说苑》、王充《论衡》等，并将《战国策》视为子书加以研究，于1929年秋天写成《〈战国策〉作始剿通考》一文。① 总体而言，罗根泽的诸子学研究，大致可分为九个方面：②

（一）"通考"，总论诸子著述的背景，代表作是《战国前无私家著作说》《晚周诸子反古考》二文。

（二）"通论"，总述诸子学说的"问题"研究，主要体现于《古代经济学中之本农末商学说》《古代政治学中之"皇""帝""王""霸"》《古代发现"人"的历史》三篇文章。

（三）墨子研究。罗根泽重视墨子研究，编辑《诸子考索》时将墨子研究文章放到较为靠前的位置，代表作有《由〈墨子〉引经推测儒墨两家与经书之关系》《墨子探源》和《与张默生先生讨论名墨书》等。

（四）道家研究。早在1924年冬，罗根泽在家乡即撰成《庄子学案》，此后对老、庄道家保持了长久的研究兴趣，曾撰《老子及其老子书的问题》探讨老子年代及《老子》一书真假，广泛考辨先秦两汉各家记载，继承孟康、毕沅、汪中等人观点，认为老子就是太史儋，《老子》一书即为其著作。又撰《再论老子及〈老子〉书的问题》一文，弥补梁启超考证《老

---

① 九月发表于《河南中山大学周刊》第十二期，题目为《战国策作者考》。《跋金德建先生〈战国策〉作者之推测》云："我在一九二九年秋，写了一篇《〈战国策〉作始剿通考》。"

② 周勋初先生在《罗根泽说诸子》前言中说，罗根泽在编辑1958年人民出版社的《诸子考索》一书时，曾将自己的主要著作三十四篇归类编辑，大约分成八组：（一）专题研究；（二）墨子研究；（三）道家研究；（四）儒家研究；（五）名家与小说家研究；（六）管子研究；（七）法家学说研究；（八）其他。然而，该书目录之间却大致因为空格而分为九个板块，周先生忽略了《战国前无私家著作说》《晚周诸子反古考》两篇文章与《古代经济学中之本农末商学说》《古代政治学中之"皇""帝""王""霸"》《古代发现"人"的历史》三篇文章分开排列，似乎是将前两篇文章视作总述诸子著述背景，后三者则是"问题研究"。

子》年代在"战国之末"却未能对老子的年代有所断定的遗憾，进一步论证老子即太史儋。又有《历代学者考证老子年代的总成绩》一文，对《史记》以来的老子研究展开评述，尤其关注各代对老子时代问题的讨论，可谓一篇简明扼要的老子学术史。①

他对庄子的关注较为持久：24 岁写成《庄子学案》；29 岁时作《庄子篇章真伪旧闻评录》《庄子哲学》；35 岁时写《庄子》；36 岁时又撰《〈庄子〉外、杂篇探源》《〈庄子·天下篇〉的辩者学说》；58 岁时作《试

---

① 具体内容是：最早怀疑老子身份的是司马迁，他面对参差出入的老子资料，最后只能并存诸说。到了疑古之风盛行的宋代，人们才又开始审视这个问题，诸如陈师道、叶适、黄震、李觏、朱熹等人，或以为老子当生于"关杨之间，墨荀之间"，或怀疑孔子问教于老子之说，进而说有两孔子。逮至清代考古求是之风盛行，方有毕沅、汪中、崔述、牟廷相、康有为等人再启疑窦，或论证老子即太史儋，或否定孔子向老子问礼之事，或言《老子》书出于孟子时代。及至现代，有梁启超评胡适《中国哲学大纲》时提出六条证据，断定《老子》书产生于战国之末，其言论甫一发表即引起争论，有赞同者，如顾颉刚、钱穆、张寿林、卫聚贤、刘汝霖及罗根泽自己，也有反对者，如张煦、唐兰等。1931 年 2 月神州国光社出版冯友兰原本作为清华大学讲义的《中国哲学史》，将老子放在孔墨孟之后。此书一出，立即又煽起辩论火焰，如胡适发表《评论近人考据老子年代的方法》一文，认为各家考证老子年代，尤其是冯著《中国哲学史》等，对于老子的考据因为方法有待改进，故而结论尚言之过早。又有马叙伦、钱穆、张西堂、高亨等人为旧说辩护。现代史上的第三次讨论，则是在《诸子丛考》印行之后，有叶青《从方法上评老子考》、郭沫若《老聃·关尹·环渊》、孙次舟《跋古史辨第四册并论老子之有无》和谭戒甫《二老研究》等，继续探讨老子及《老子》书的时代问题。叶青运用辩证法，以为必然之外尚有偶然因素，因此完全穿凿附会地考证老子生于战国甚至否认其书存在的论述值得批判，引此所谓从"他人称述""思想线索""时代术语""文字体裁"等方面考证的结果，未必就能完全相信。虽然罗根泽对此颇为不屑，但是其方法却颇值得人文考据学，尤其是老子学术研究者的重视。郭沫若未像叶氏那样轻浮，而是努力寻找老子年代的证据，所得意见大致同于唐兰，并认为《老子》书的编纂加工者是环渊，即关尹。孙次舟的观点比较激进，"干脆否认"老子的存在，是庄周之徒所捏造以抵制孔子儒家学说，因为《论》《孟》《墨》中俱未称及老子，而且《庄子内篇》方称孔子学于老聃实为贬低论辩对象而已，甚至认为《史记·老子传》不可凭信。谭氏从音韵学角度进行考证，认为"老莱子和老彭为一人，老聃和太史儋为一人"。

谈庄子的思想性》等，深入讨论《庄子》中部分篇目的作者、年代和哲学思想等问题。

（五）儒家研究，主要集中于孟、荀二家。罗根泽对孟子研究较为持久，著作也多，有《孟子学案》《孟子评传》《孟子七讲》等。其中，《孟子评传》是他创作时间最久、篇幅最长的孟子研究著作，具有一定代表性。[①] 该文先为孟子作传，然后于每一事迹后条列古代各家所言，再加案语辨证求真，以得到其生平事迹的最大公约数。通过考案各家论说，对前人意见多有辨正，甚至对司马迁所记亦有所指摘。

荀子研究也是他投入精力较多者，25岁时即撰成《荀子学案》，1931年发表《荀子论礼通释》，1932年撰写《荀卿游历考》，1937年发表《荀卿年代补考》，1940年发表《荀子的人生哲学及政治哲学》，同年8月发表《荀子的政治态度》，多从学说的角度来讨论。

（六）名家与小说家研究，主要包括《〈邓析子〉探源》《〈尹文子〉探源》《〈庄子·天下篇〉的辩者学说》等。

（七）管子研究。据罗根泽自序，早在十五岁时即研读管子，代表作为《管子探源》一书，"按之本篇，稽之先秦两汉各家之书，参以前人论辩之言"，共八章，附录三篇，讨论今本《管子》七十六篇的年代及学术思想。

（八）对以《商君书》和慎到为代表的法家学说研究，主要体现在《商君书探源》《慎懋赏本慎子辨伪》《慎懋赏慎子传疏证》等论文中。

（九）西汉诸子及《战国策》《别录》研究，主要有《〈孔丛子〉探源》《陆贾〈新语〉考证》《〈新序〉〈说苑〉〈列女传〉不作始于刘向考》《〈战国策〉作始蒯通考》《〈战国策〉作始蒯通补证》等。

罗根泽的诸子研究，上承悠久的辨伪学术传统，并受现代学术风气的影响。现代中国学术疑古思潮兴起原因有二：一是胡适等人倡导的"思想的革命"，二是今文家的影响。[②] 最为直接和深巨的影响，当是梁启超

---

① 该书1928年3月完成，名为《孟子传论》，1932年修改为《孟子评传》由商务印书馆出版，1958年收入《诸子考索》时，再改题为《孟子传》。
② 郭湛波：《近五十年中国思想史》，上海：上海古籍出版社，2005年，第206页。

和顾颉刚。罗根泽自述:"梁任公先生的《中国历史研究法》,顾颉刚先生的《古史辨》第一册,是使我由研究诸子学说而走入考订诸子真伪年代的原动力。"①他从十五岁开始阅读梁先生著作,期望能随侍学习。1922年,时任国小教员的罗根泽参加天津南开大学暑期学校,参与梁先生讲授"国文教学法"和胡适讲"国语文法""国语文学史"的课程,积累了有关"旧文学"的一些想法。②课程结束后,他阅读梁先生《墨子学案》,"掀动了作《诸子学案》的野心",完成了《荀子学案》《孟子学案》等著作托朋友送呈梁先生指点。正是有此因缘,罗根泽与国学院曾亲炙王国维先生教导的高亨、徐中舒等治学路径有所不同,研究对象几乎不涉及先秦古文字,亦少运用文字训诂学为研究方法,更倾向于从学术思想史的角度展开探究。③

诚如林志钧所言,梁启超"为学虽数变,而固有其坚密自守者,在即百变不离于史"。④从1901年9月始,梁启超在《清议报》上陆续刊发《中国历史叙论》⑤,到他在清华国学院的讲座《中国历史研究法(续编)》,其间延续25年以上,关注莫不和历史研究有关。他在清华国学院开设有历史研究法等课程,为自己的"中国文化史"(或"中国史"或"中国通史")培养合作者和接班人。⑥罗根泽受老师启发,决定以"学术思想史"而非"哲学"为毕生目标,重视对先秦诸子生平事迹、著述真伪、思想源流的考辨,廓清先秦思想史的基本问题。这并非一种文献学关怀,而是聚焦思想学

---

① 《古史辨·自序》,第7-8页。
② 罗根泽:《我的读书生活》,《中央周刊》1946年12月,第8-33期。
③ 因为导师的人事变动,国学院学子受到的学术指导大致可以分为三个时期:1925年至1927年6月,王国维、梁启超、赵元任等人执教,因而不少人的研究,选择跟王、梁二人,有几位跟赵元任治语言学;1927年6月至1928年5月,部分入学者尚能得梁启超指导,故而带有明显的梁氏学术风范;1928年6月至1929年6月,只有陈寅恪先生指导,故而学人的学术多受陈氏影响,以史学研究为志向。
④ 梁启超:《饮冰室合集·序》,《饮冰室合集》,北京:中华书局,1989年,第3页。
⑤ 作当始于1899年。
⑥ 丁文江、赵丰田编:《梁任公先生年谱长编》,北京:中华书局,2010年,第610页。

说的理路，确定著作时代和真伪，进而勘定学术史上的地位。

罗根泽与顾颉刚一生交往密切，为古史辨派的重要人物。他编辑《古史辨》第四册和第六册，展现出的"疑古"有"建设"的一面，即"疑古"是为更加精准定位诸子学术思想的时代、源流、影响等问题。对此，郭湛波曾有评述："与顾先生不同之处，即顾先生在辨伪，而罗先生考年代，一是'破坏'，一是'建设'，一是'反'，一是'合'。"[1] 罗根泽考辨证伪，还原诸子的学术环境和真相，从而定位其学术思想在整个中国古代学术发展中的坐标。在《管子探源》前言，罗根泽指出此前不少辨伪者"每贵远贱近，崇古卑今"，对赝本的历史、思想价值缺乏足够的重视和研究，并不明白合理利用赝本，同样可以展开学术研究，如晋人伪造的《列子》，虽不可用来研究战国学术，却是研究晋人学术的绝好材料。[2] 于是罗根泽认为，"与其辨真伪，无宁考核年代，始为有功于古人，有裨于今后之学术界"[3]。这与传统考据学有着很大的不同，有着新的学术思想的融合和运用。在《荀卿游历考》中，举出哥伦布竖鸡蛋的故事，说明考证之学的特质是一种发现，而不是一种发明。[4] 这就是罗根泽对于考据学的定义，要发现前人所未见的东西，以解决中国古代思想史的重要问题为前提，突破了诸多古代学术笔记式的考据学为考据而考据的炫耀知识的狭隘，更是突破了钱玄同先生所言那种"仅争故实，不明义理"的考据，而是从中发现了一些问题和义理，代表了20世纪前半期诸子研究的重要学术成就。

三

罗根泽花了相当精力研究中国古代文学史，动机纯是因为个人"奔

---

[1] 郭湛波：《近五十年中国思想史》，上海：上海古籍出版社，2005年，第202-203页。
[2]《诸子考索》，第422页。
[3]《诸子考索》，第423页。
[4]《诸子考索》，第361页。

放情感"气质所决定，甚至还想进行文学创作。考虑到自己气质不适合创作文学，遂投身"客观的整理的"文学研究。①他1928年进入清华国学院后师事的梁启超先生，重视文学研究，曾倡导小说界革命，而陈寅恪先生则是晚清文学大家。不仅如此，与他交往的国学院同仁，诸如陆侃如、余永梁等人，俱是既研究诸子、经学，又精于中国古典文学。

罗根泽治中国文学也和职业境遇有关。自清华大学国学院毕业后，他任河南大学国学教授，讲授中国古代文学史。对此，《乐府文学史》前言说："十八年的秋天，我答应了河南中山大学之聘，讲授中国文学史及其他的功课。"②自此之后，执教于天津女子师范学院等大学，讲授中国古代文学有关的课程。后又进入中央大学，教学内容之一也是中国文学。1949年后，在南京大学中文系，担任过一段时间古代文学教研室主任，主要精力都放到了古代文学教学上，编写成《魏晋南北朝文学》等内部交流著作。

罗根泽研究中国古代文学所涉及的内容相当多。1935年《文史丛刊》第一期所发表的《研究中国文学史的计划》，初步展示了他研究中国古代文学史充满雄心的研究计划。然而，他认为当时还不能写出合理的文学史，因为社会史没有解决，作为其分支的文学史就无法定论，加之文学的历史悠长、资料庞杂，很多问题并不能轻易正确解决，遂决定先按照歌谣、乐府、词、戏曲、诗、小说、骈文、散文八类文体，分别撰写其历史，并基本完成歌谣、乐府、词、诗四类"史"。③他认为"文学的转变，固由于社会经济，同时也由于自己的内在矛盾"，"文学可以合流发展，也可以分化发展"，"分类文学史并不妨碍分期文学史"，反而能够弥补分期文学史的不足，更加便利地处理纷繁复杂的资料。

罗根泽研究较早和最为深入的当是乐府文学史，出版过《乐府文学

---

① 罗根泽：《古史辨》第四册，上海：上海古籍出版社，1982年，第1页。
② 罗根泽：《乐府文学史·自序》，第1页。
③ 案：罗先生后来意识到歌谣可以归属乐府、词和诗，遂将歌谣散入而重新撰写批评。

史》，还发表过《何谓乐府及乐府的起源》等单篇文章。其中，收入《民国丛书》的《乐府文学史》，为第一部宋前乐府文学的现代学术专著，无疑代表了他在古代文学研究中的成就和地位。该书五章，根据罗根泽自己确定的乐府概念和类别，按照时代顺序重点考证了两汉、魏晋、南北朝、隋唐四个大时代的乐府文学。也许是考据学的癖好，或者是独特的文学史观，该书对某些乐府文学作品的真伪、时代和作者充满了兴趣，通过考据和梳理，初步梳理了宋前乐府发展史。他对于乐府文学研究，持续到1949年后，编写的《魏晋南北朝文学史》中有关魏晋南北朝民歌的考述，正是《乐府文学史》的精缩修订。

有了考察乐府文学史并进而探究中国古代分体文学史的经验，罗根泽对于宋以前的诗歌史研究，有着十分精到的观察考验和独特的研究心得。在诗歌史方面，罗根泽也曾撰成专门史，因此今天所见到他的著作中，有关诗歌方面的文章最多。追根溯源，仍然是其最为显著的特点，即"追探某种学术或文艺之渊源"和"考订某种学术或文艺之发起——就是产生"，因此出现了《中国诗歌之起源》《五言诗起源说评录》《七言诗之起源及其成熟》《绝句三源》等论文。罗根泽的考据嗜好，还体现在对诗歌作品的作者和时代的研究上。诸如《古诗十九首之作者及年代》《木兰诗产生的时代和地点》《水调歌小考》《霓裳羽衣舞曲底故事、歌辞及舞容》等，都是考证作者、确定时代。如认为古诗十九首，当是汉末魏晋之际佚名文人所作而非枚乘，《胡笳十八拍》是刘商所作而非蔡文姬，《木兰诗》乃唐代韦元甫所作。这三篇文章的兴趣，根本不在文学审美，而在于考据，考察其真伪、时代和作者。

1949年前罗根泽曾在几所大学开设先秦诸子选读课，尝试编写一部散文史，以成为整个分体文学史的一部分，可惜后来只是存留了一部分。1949年后，又编成《先秦散文选》，书前有《先秦散文发展概说》一文。该文有以下几个问题需要重视：一是说孔子既是史传文的创始者，也是"理论文或说理文的创始者"；二是说老子是"著论体"的创始人。先秦散文从孔门弟子的简单记录，到庄子的皇皇大作，中间才一百几十年，就奠定了散文的完美坚固的基础。该书聚焦散文的文学性，即体裁、内容、思想和艺术等问题，选了《左传》《国语》《战国策》《论语》《墨子》《老子》《孟子》《庄子》《管子》《商君书》《荀子》《韩非子》《吕氏春秋》十三家，共三十九段文字。

今存其《散文源流》，基本代表了罗根泽的散文观念。他认为中国的散文，当就"对四六对偶之文而言"，不同于西方和日本对于散文的定义，并采用姚鼐分类法，分出论辩、序跋、奏议、书说、诏令、传状、碑志、杂记、箴铭、颂赞、哀祭、辞赋十二类。至于发展历程，他借用英国人赛梦兹（Arther Symans）的理论，将其分为两个时期：第一个为"应用的"时期，自殷商直到东汉末，再细分为战国前的萌芽期和战国至东汉末的成熟期；第二个为魏晋直到作文时间，为"文学的或美术的"时期，并可细分为隋唐以前的萌芽期和隋唐至于近现代的成熟期。后来，他于1955年4月在《文学遗产》上发表的《先秦散文发展概说》，实则是《先秦散文选》的序言，系统地勾勒出先秦时代散文的演进和发展，尤其是对于庄子、孟子、墨子等诸子书在文体艺术方面的发展作了十分简明扼要的概括。

《魏晋南北朝文学史》是今存罗先生对于文学史研究的另一成书专著，采用马克思主义理论，借用辩证唯物主义、阶级分析法和进化论，大致梳理魏晋南北朝文学的概况。其中有部分内容颇为新颖，如第二章"曹氏父子和建安七子"中列出专节讨论"曹丕的创作七言诗，文学散文和文学论文"，就肯定了曹丕在魏晋文学发展历程中的重要地位，而不像传统只看到曹操、曹植父子的文学贡献而忽视了曹丕对于文学的推动以及文学作品和文学思想的研讨；第三章"'嵇阮''潘陆'及其他晋代文人与文学"中，专列出"行帖小简和清谈俊语""博物琐记和搜神小说"两节，以探讨对后世有着深远影响的新型文体的出现和发展；又如第六章"郦道元的《水经注》和杨衒之的《洛阳伽蓝记》"，对于后世记游和风物志的描写文类，同样影响很大；第七章"徐陵、庾信的骈体文和王褒、庾信的校猎诗"，强调骈文的语言基础和发展以及对后世应制诗歌的反发展，都有重要意义。

对"学术思想史"的兴趣，仍然贯穿罗根泽的古代文学研究。其研究集中追究作品的作者和时代、文体的产生和发展，缺少对"文学"艺术的欣赏和探究，倾向于理性的考辨和梳理。无论是对具体的文学作品如《木兰诗》《古诗十九首》《胡笳十八拍》和《霓裳羽衣曲》，抑或对某一阶段文学如南朝乐府中的故事和作者，还是对某一文体如五言、七言和绝句起源的考索，都体现出他作为古史辨派代表人物的学术兴趣，辨伪正名始终贯穿其中。这些考证，虽然因为时代原因而具有一定的局限和疏失，却能代表现代学界疑古思想在古代文学研究中的回响。在考证《胡笳十八拍》作者为刘商时，他就交代了自己对于考据的喜好，说："我最喜欢章太炎先生反对'流变之学'，对于一种学说，一种文艺，一部书，一篇诗文的真伪和年代，常常不惜笔墨的讨论它。"在罗根泽看来，只有在确定年代和作者之后，才能恰当合理地叙述文学史，尤其是那些影响深远的著名篇章。因此，他考证《胡笳十八拍》为刘商所作、《木兰诗》产生于西魏陕甘蒙绥地区，都是此研究动机的产物。

新材料带来新观点，也许是人文学科中常见的现象，但罗根泽没有将自己的研究根植于新材料的发掘上，而是通过对常见文献的考辨，确认文学史的坐标。由此，他与很多人相异，视《木兰诗》为唐代作品，而非产生于六朝。这样的考辨，发现前人未能发现或重视的文学现象，能更加细致地开掘材料，进而追索和界定自己的研究内容，无疑能推动中国文学史的叙述。如他对"散文"概念的思辨就是一个典型。由于散文是西洋文学学术传入后的产物，所以他首先从概念出发，比较了华兹华斯、柯勒律治、亨德尔等人学说及儿岛星江的言论，指出中国的散文概念应不包括小说、赋、骈文及戏剧等文体，并最终引用日本学者的定义，"散文云者，乃对四六对偶之文而言"[1]，且采纳姚鼐之说，从体裁上将散文分为论辩、序跋、奏议、书说、诏令、传状、碑志、杂记八类，且可从功能上分为记叙和说明两大类。他认为以西格中的古代文学研究颇有反思之必要，必须对"文学"学科有所考虑，对"文学""文学史""文

---

[1] 罗根泽：《罗根泽古典文学论文集》，上海：上海古籍出版社，2009年，第469页。

学思想史"等概念有所区分和抉择。时至今日,罗先生的思考无疑仍具启示意义。

直到目前,古代文论应该隶属于古代文学还是文艺学,在我国高校中文学科建设中,仍然是一个争论不休的话题。在罗先生眼中,二者之间当然有共同点,"如史家的责任,历史的隐藏,材料的搜集,选叙的标准,解释的方法,编著的体例,则二者相去不远"。[1]他进一步强调两者应有区分,"文学史不是文学批评史,研究文学批评史应注意的地方,研究文学史不一定也应注意"[2],因为"文学史的主要课题"是"叙述文学变迁,解释变迁原因",而文学主要是指"诗歌、乐府、词、戏曲、辞赋、小说、骈散文"等。[3]对于叙述文学史而言,一定要"叙述动的文学变迁",而"不是排次静的文学行列",更要关注"演进旧文学和开创新文学"。[4]有了变迁,就得寻找变迁的缘由,罗先生认为,文学史研究还要从"内在的文学本质与外在的社会需求",寻求变迁原因。受到典型的辩证法和唯物论影响,他意识到"文学是社会产物,社会的需要随时不同,文学的供给自然也随时变异"。[5]"文学史不能只钞《文苑传》,也不能只钞诗话、文评",因为"证据在文学的本身",须从"身份、环境和性格"三个方面来寻绎"作家的创作缘由"。[6]

面对文献材料,文学史家带着"白纸一样的脑子",毫无成见地对待文学现象,考虑"研究的材料及步骤",处理大量"中国的文学原书"。如《学艺史的叙解方法》一文认为文学史的书写可分为两个部分。第一部分是述,又分为两个部分。首先,述要——述要不只是胪举大端,且需探寻要领,学习"学案",具备"时代意识"。其次,述创——一种学说产生之后,必有承用,重点要叙述四个方面的因素:(1)纯粹的创造;

---

[1]《罗根泽古典文学论文集》,第20页。
[2]《罗根泽古典文学论文集》,第19-20页。
[3]《罗根泽古典文学论文集》,第19-20页。
[4]《罗根泽古典文学论文集》,第21页。
[5]《罗根泽古典文学论文集》,第24页。
[6]《罗根泽古典文学论文集》,第28页。

（2）综合的创造；（3）演绎的创造，发挥阐发；（4）因革的创造，旧瓶装新酒。第二部分是解，分为三个部分：第一，释义——就是学艺史科的含义通释，方法是明训、析疑和辨似；第二，释因——释义是解释学艺的是什么，释因是解释学艺的为什么，包括从时代意识、文学批评家和文学体类三个方面进行解释；第三，释果——学艺的结果，即影响，尤其是重视作家影响、社会影响和学艺影响三个方面。[①]

四

诚如郭绍虞先生在《中国文学批评史》第三册"序"中所指出的，罗根泽先生在中国文学批评史研究方面取得的成就，超过了诸子之学。[②] "虽然罗根泽先生留给后人的只是一部中国文学批评的断代史，且其最初出版时已有郭先生的批评史上卷行世，但仍然在中国文学批评史的学科建设中具有重要意义"[③]。甚至有人说，"在中国文学批评史学科奠基的过程中，郭绍虞、罗根泽和朱东润三人所做出的贡献最大"[④]。在罗根泽的著作出版以前，我国已绍介日本学者盐谷温《支那文学概论讲话》、儿岛献吉《支那文学考》和铃木虎雄《支那诗论史》等著作，虽未命名为"文学批评史"，但也谈到了中国古代文艺思想，值得中国古代文学批评史参考。[⑤]

---

① 《罗根泽古典文学论文集》，第28页。
② 郭绍虞：《中国文学批评史》第三册，北京：中华书局，1962年，第1页。
③ 蒋述卓等：《二十世纪中国古代文论学术研究史》，北京：北京大学出版社，2005年，第46页。
④ 李青春等：《20世纪中国古代文论研究史》，济南：山东教育出版社，2008年，第329页。
⑤ 铃木虎雄《支那诗论史》1925年由东京弘文堂出版，1928年由孙俍工翻译，改题为《中国古代文艺论史》分上、下两册由北新书局出版。盐谷温氏著作，1919年由日本雄辩会刊行；1926年3月陈彬龢翻译本由朴社出版，改名为《中国文学概论》；1929年孙俍工翻译本由开明书店出版。儿岛献吉著作，1920年由目黑书店出版，1930年5月胡行之译本由北新书局出版，改题为《中国文学概论》；1942年隋树森翻译本由世界书局出版，题名《中国文学》。

稍后，国人也尝试写作"文学批评史"，有陈钟凡《中国文学批评史》、郭绍虞《中国文学批评史》行世。①罗先生在参考前人的基础上，开掘材料，将中国文学批评史研究，推向更加深入和广阔。

1932年春，罗根泽代郭绍虞在清华讲授中国文学批评史，由此开始着手编写中国文学批评史，次年正式构思写作。②1934年，完成部分，题名为《中国文学批评史》，由北平人文书店出版。后因到安庆授课，又逢日寇全面侵华，一度中断撰写，直至任教重庆中央大学，家庭基本安顿好以后，才又开始继续创作。到了1943年，完成四部，由商务印书馆出版，分别是《周秦两汉文学批评史》《魏晋六朝文学批评史》《隋唐文学批评史》《晚唐五代文学批评史》。1949年后，他一直想完成宋代以后部分，可惜由于身体原因，生前只是基本完成了两宋部分，至1961年在郭绍虞先生支持下，由中华书局上海编辑所整理出版。比较前后各版，有一些出入，主要有两种情况：一是增补部分章节，如商务版中最为重要的开篇"绪言"

---

① 陈钟凡:《中国文学批评史》，上海：中华书局，1927年4月；郭绍虞:《中国文学批评史》（上），上海：商务印书馆，1934年。案：在陈钟凡著作之前，有上海商务印书馆1924年所出杨鸿烈《中国诗学大纲》，谈论中国古代的文学理论问题。而陈钟凡的著作，则为中国人自己撰写的第一本《中国文学批评史》。该书参考了铃木虎雄《支那诗论史》、黄侃《文心雕龙札记》等书，用七万余字的篇幅概要叙述了从孔子到章太炎的历代中国文学批评史，虽然有首创之功劳，但也十分简单和粗糙。陈钟凡为刘师培的学生，曾于1919年同刘师培、黄侃、陈汉章与北大同学张煊等发起成立国故月刊社，参与创办《国故》杂志。郭绍虞《中国文学批评史》上卷写到北宋，下卷由商务印书馆1947年出版。朱东润1931年在武汉大学开始讲授和构思写作中国文学批评史，但《中国文学批评史大纲》到1944年方才出版。

② 这个过程，也得到郭绍虞先生的回应。在《中国文学批评史》第三册所作序言中，郭绍虞先生指出："雨亭少年好学，除入清华国学研究所外，再入燕京的国学研究所。当时，他治诸子之学，已有所成就。不久我因事不能再兼清华的文学批评史课，就邀他接我的课。雨亭当时有难色，谦让不肯去。我说治一门学问有成就的，治别一门也绝无问题。这话固然说得偏一些，但对雨亭来讲，而且指这两门学问讲，我想还是很合适的。于是，雨亭开始教文学批评史的课。果然，雨亭不但能胜任，而且比他的诸子之学有更大的成就。"（罗根泽:《中国文学批评史》第三册，北京：中华书局，1961年，第1页）

一章，不见于北平版，而"北朝的文学论""佛经的泛议论""古经传中的辞令论"等较为创新和特色的章节，亦首见于商务版；二是修订改写，如商务版就对北平版作了改动，甚至章节秩序都有了调整。1949年后各版，对部分内容略有所修订，然而基本观点维持不变。今天，上海古籍出版社和上海书店的刊行本，加上《两宋文学批评史》，最为完备系统。此外，还有一些零星发表的单篇文章，后收入《罗根泽古典文学论文集》一书。

罗根泽先生的中国文学批评史研究，在参考日本学者和郭绍虞等国内学者研究的基础上，以"学术思想史"为基本关怀，有着如下特色：第一，资料收罗全面，注重整理保留。在《周秦两汉文学批评史》《魏晋六朝文学批评史》《隋唐文学批评史》出版后，朱自清撰写《诗文评的发展》一文表示赞赏，尤其是对其广泛收罗资料方面钦佩不已。郭绍虞为《中国文学批评史》第三册作序，同样高度赞扬了这一点，说："雨亭之书，以材料丰富著称。"至如诗词中的片言只语、笔记中的零绪碎札，无不仔细搜罗，甚至连佛道二家言论，也有所浏览采撷。[1] 再后来，台湾学海出版社出版罗根泽《中国文学批评史》时，王梦鸥评价说：

> 就其已出版的篇章来看，可以了解他着力的地方是要详述别人所未详的部分。因此他不仅留心于文学批评的年代记，同时还注意到文学批评上若干问题的讨论，分为各个专题而加以叙述。如此纵横交织，因而牵涉的范围较广，动用的资料增多，他以一人之力，左右驰突。[2]

确实如此，罗根泽撰写《中国文学批评史》之时，特别重视资料的甄别与考证。最为著名的例子，当数他对《吟窗杂录》的收藏和利用，

---

[1] 郭绍虞：《中国文学批评史·序》，见罗根泽：《中国文学批评史》，上海：中华书局上海编辑所，1961年，第1-2页。

[2] 王梦鸥：《读罗氏中国文学批评史》，见罗根泽：《中国文学批评史》，台北：学海出版社，1980年，第2页。

从而揭示出诗格和句图盛行的历史事实。这也受到学界推崇，如韩经太《中国文学批评史研究》（福建人民出版社，2006年）的第三章，就以"资料与理论的博综兼容"来概括罗根泽先生的文学批评史著作。① 又有人概括说："历来以资料丰富著称，即以晚唐五代之诗格、诗句图为例，罗著涉及诗格20余种，辨其真伪，并有简单之介绍。罗著对于资料的整理，已下了切实的功夫。"② 对比同时期陈钟凡、郭绍虞、朱东润等人出版的中国文学批评史著作，即可发现罗先生著作中的史料有超越前贤时彦之丰美。其中最为人们所津津乐道的，是他对于六朝佛教中的文论思想、唐代对法、诗格类著作的整理以及对宋代诗话及部分评论家文学思想的整理。

第二，重视历史语境，探索叙述体例。罗先生对自己所搜罗的材料，作了细致的分析，往往发前人之所未发，故而又有人说"首先为人们所称道的是罗著搜罗、论列之全、之细"。③ 正因为有着别人未及搜罗的材料，他能够注意到别人不能看到的现象，也能根据材料而发现新的问题，进而其分析多有超越前人之处，发现前人之未发。如他通过考察长期为人所轻的唐宋诗格类著作，发现了古代文学批评史中有关声律之学和技法之学的关注，从而列出专章来进行讨论。材料会有"原始的隐藏"和"有意识的隐藏"，需要编者以超然态度摒弃成见、做到客观，来发掘、甄别和补缀，以发现历史之真。罗先生认为自然条件、时代意识、文学体类和文学批评家，共同制约和影响文学批评的发展。④ 后者最为关键，一位文学批评史家，不仅要当叙述历史的人，还要作"学艺"之人，懂得欣赏艺术，方能寻求"事实的历史"。

---

① 韩经太：《中国文学批评史研究》，福州：福建人民出版社，2006年，第127-144页。
② 罗宗强、邓国光：《近百年中国古代文论之研究》，《文学评论》1997年第2期，第14页。
③ 蒋述卓等：《20世纪中国古代文论学术研究史》，北京：北京大学出版社，2005年，第50页。
④ 罗根泽：《中国文学批评史》，上海：上海书店出版社，2003年，第13-19页。

诚如周勋初所言，罗先生对材料的处理也下了很深的功夫，在编著的体例上也做出了贡献。[1]为了客观地叙述文学批评史，罗先生认为需要做到四个阶段，即搜求史料、叙述史料、解释史料和处理史料。问题是应该以何种方式来叙述呢？他参照中国古代史家编修传统体例，择取编年、纪传、纪事本末体之长，创立一种新的"综合体"，既依编年体方法分述各个时期的中国文学批评史，再依纪事本末体的方法分文体及文学各种问题展开叙述，最后依照纪传体的方式重点叙述各个时代的伟大批评家的批评。落实到具体时代，缘情和载道二分，是罗先生叙述中国文学批评的内在理路。在儒家思想逐渐占据社会主流意识形态的情况下，中国文学批评长期以来存在儒家教化观念与审美娱乐观点的对立，诗、文等不同文学体裁承担着不同的文学和社会功能，因此分开讨论无疑意义重大。

第三，思考学科价值，注重理论探求。20世纪初以来，西方的文学观念进入中国。然而，西方文学的概念内涵与外延，往往并不能与中国的文学现象完全对应。诸如散文等概念，与古代的"文"差别，就像河马与海马的分异一样。不仅如此，文学概念的不完全切合，还带来十分严重的问题，即文学观念之间的重大分别。甚至就某些具体问题来看，中西文学的差异，就传统、范式和功能等方面来看，可谓天渊有别。罗先生运用这些现代术语时，有着较为审慎的态度。朱自清说："'文学批评'一语不用说是舶来的。现在学术界的趋势，往往以西方概念（如'文学批评'）为范围去选择中国的问题；姑无论将来是好是坏，这已经是不可避免的事实。"朱氏最后说，罗先生的文学批评史，做到"把中国还给中国，把一个时代还给时代"。确实如此，罗先生注重对于文学、文学史和文学批评史三个术语的区别，由此而划分出自己研究文学的领域。

在他看来，文学批评史必须要建立在一系列的概念之上，因此在《中

---

[1] 周勋初：《罗根泽先生在学术领域中的多方开拓》，见夏晓虹、吴令华编：《清华同学与学术薪传》，北京：生活・读书・新知三联书店，2009年，第330-333页。

国文学批评史》商务版中，增加《绪言》，列出包括"文学解说"到"编著的体例"等共十四个方面的问题进行申说。"文学"有广、中、狭三个含义，他取折中义，即包括诗、小说、戏剧及传记、书札、游记、史论等散文。文学批评，则是文学裁判，并包括批评理论及文学理论，因此他建议用"评论"来翻译 criticism，分别来指代二者。评和论，存在功用的差别："文学裁判的职责是批评过去文学，文学理论的职责是指导未来文学，批评理论的职责是指导文学裁判。"① 前者与文学的关系是直接的，后者则是间接的。二者先后有别："文学裁判部分在创作之后，文学理论部分则在创作之前。"② 那么，文学史和文学批评史的区别如何？"叙述一个人的文学批评，不必批评他的文学创作，更不必胪举别人对他的文学创作的批评。"他进而演绎云："文学史的目的之一是探述文学真象，文学批评史的目的之一是探述文学批评真象，文学批评真象不即是文学真象，所以文学史上不必采取甚或必须驳正的解说，文学批评史上却必需提叙，且不必驳正。"于是，"解释的批评应当叙述，批评的解释也应当叙述"。③

这一区分，成了罗先生研究中国古代文学和文学理论的一个出发点。"欲彻底的了解文学创作，必借助于文学批评；欲彻底了解文学史，必借助于文学批评史。"④ 当比较中西文学批评的特点时，罗先生以为"西洋的文学批评偏于文学裁判及文学理论，中国的文学批评偏于文学理论"。

第四，参考前人著作，提出新颖论题。上文已经指出，罗根泽先生在体例上有很大的创新。其实比较有意思的是，只要我们比较陈钟凡、郭绍虞等人著作，就可发现，他们在体例上有很大的相似之处。这也似乎昭示了罗先生能够总结前人学术成就，进而吸收精华、推陈出新。如他对于魏晋南北朝批评史的考察，其核心就是揭示"文学自觉"这一日本学者重视的问题。我们最应该重视的是罗根泽先生在论题的设置上、时

---

① 罗根泽:《中国文学批评史》，第 10 页。
② 罗根泽:《中国文学批评史》，第 11 页。
③ 罗根泽:《中国文学批评史》，第 12 页。
④ 罗根泽:《中国文学批评史》，第 21 页。

代分期上，都有自己的突出特点，尤其是与铃木虎雄、陈钟凡、郭绍虞和朱东润等人相较，在考察范围、基本观点和学科界限上，都有所突破而启发今天的研究者。具体而言，罗先生的开拓意义，体现在：（一）对佛教影响中国古代文学思想的重视，特别挑出六朝时代佛教僧徒论述文学的文字加以阐发，展现中国文学与佛教的因缘；（二）对诗歌技法理论的高度关注，看到了中国古代文学批评活动的复杂与多样；（三）重视文学批评因为乐府、诗和文等不同体裁，而具有不同的形态、内容和指向，比如诗歌和散文就具有很大的差别，因此在论述的时候注意其间的差别。

五

鸟瞰罗先生三个领域的学术研究，我们可以看到，其学术研究体现传统学术与现代学术转换交流的过程和特色，即一方面承继了清代学风和研究方法，精于考证，长于辨伪和材料梳理，另一方面又吸收最新学术思想，用现代意义上的哲学、史学和文学方法，从"学术思想史"的角度，研究诸子学、文学和文学批评等问题。

"以理为学，以道为统，以心为宗，探之茫茫，索之冥冥，不若反求诸六经"[1]，戴震的这句话，表明清人选择了一条与宋明有别的学问道路。从清初顾炎武等人开始，求是重实成为清人学问的基本取向，重考据、用归纳、善怀疑、求实证，成为整个清代学术的基本风貌。由此"由天才而得者少，由学力而成者多"[2]，重学问之人而轻视文学之士，考据之学盛行，排比材料、权衡别说，广为清人所精擅。流风所及，晚清民国初年，学者大多长于考据，甚至诸如康有为、梁启超等清末治今文之学者，其论述著作中亦有大量排列材料、辨证真伪和追溯源流之文字。罗先生的诸子学和文学史研究，具有考据学的优长，往往能全面排比各家各派

---

[1] [清]江藩纂；漆永祥著：《汉学师承记笺释》，上海：上海古籍出版社，2006年，第547页。
[2] 章太炎：《清代学术之系统》，《师大月刊》第10期，1934年3月，第156页。

之论。

罗先生没有墨守清儒学问，而是根据新的时代，做出新的探索。西洋文化与传统文化交际和冲撞，必然会带来一系列的知识冲突和危机，接着就会有文化吸收和调整。近现代发生的中西文化交流，基本上是以输入西方"先进文化"的情势，对中国传统文化带来极大的冲击，尤其是在学术文化和宗教层面，催生了当时种种文化心态，接收有之，绝望有之，排外亦有之。百多年前，梁启超先生强调，学术乃文化的核心。随着西方学术的进入，中国长期按照"四部"来大致划分的学术境域，突然受到西方科学学科划定的改变。[①] 发生在近现代之际的这个转换过程中，学术之间或者文明之间的异同，开始逐渐变成一个十分重要的问题。学人们逐渐发现，很多中国传统学术的领域和内容，并不能完全合理恰当地转化为西方知识体系，原来两种文化类型的知识体系，具有如此大的差异，以致并不能完全用西方的瓶，来盛装中国这坛老酒。也就是在此大背景下，罗先生承继国学院梁、陈导师的观点，关注中国古代"学术思想史"，展望未来，希望能够出现"新中国学"，反对不加思考地引入西学。

对于传统文化，罗先生有着一腔热爱，说"中国的各种学术及艺术史，都很迫切地需要我们研究，因为这是我们的遗产，当然要我们清理，不能'扣其数于邻人'"。[②] 落实到诸子学术和中国哲学研究上，他在燕京大学的老师黄子通曾主张，"研究基本概念或基本名词的时候，切不可用外国的概念或者外国的名词来比附"。[③] 在此潮流之中，罗先生在进行现代学术研究之时，对于中西知识体系之间的差异相当警醒，因而对于"比附"的做法比较警惕。在治诸子学时，就已经注意克服现代学术研究中的比附之弊，在他看来当时学界多有不着实际的研究：

---

① 目前，学界多人认为是从"四部之学"到"七科之学"的转化。参看左玉河：《从四部之学到七科之学》，上海：上海书店出版社，2005年。
② 罗根泽：《学艺史的叙解方法》，《罗根泽古典文学论集》，第38页。
③ 黄子通：《儒道两家哲学系统》，宇宙书局，1942年，第1页。

> 近来的学者，知道科学方法了，但又有随着科学方法而来的弊病，就是好以各不相谋的西洋哲学相缘附，乃至以西洋哲学衡中国哲学。由是孔子成了最时髦的共产主义者，又成了新大陆挽近的行为派的心理学家。①

罗根泽认为，这样做会产生四个不良结果：（一）助长中国人的夸大狂，说西洋人的新学问都是我国先民的唾余；（二）助长中国人不读西洋书，以为西洋学说早已见于中国学术传统；（三）将中西两种学说混为一谈，甚至以假乱真；（四）以为西洋学术已有，不必研究中国学术。其实，这正是对于梁启超先生所言的"国民研究实学的魔障"和"思想界之奴性"的注解。

接下来在《诸子丛考》序中，罗先生谈到自己计划创作一部"中国学术思想史"而非"中国哲学史"时，说："为什么不叫《中国哲学史》呢？因为有许多在中国思想史上占地位的学说，却不一定合于哲学的定义，所以不如叫《学术思想史》之操纵自由，而避去许多勉强牵附和略去重要学说的弊病。"②可见，他在进行学术研究的时候，对于自己研究过程中可能关涉的西方学术，保持着高度的警惕。后来他还说：

> 中国的哲学，其价值是不是只在与西洋某一哲学家相同？假使如此，那末中国哲学，便根本不必研究。所以我研究诸子学说的根本方法，是：采取西洋的科学方法，而不以与西洋哲学相缘附。（缘附不是比较，以中国某一哲学家与西洋某一哲学家相比较，是很好的方法。）③

在罗先生看来，当时研究中国哲学的人，总是依赖于西洋哲学，使得整个中国哲学家披上了西洋外衣。④看到人们如此做，他甚为痛惜，以

---

① 《诸子丛考》序，《古史辨》第四册，第9页。
② 《诸子丛考》序，《古史辨》第四册，第2页。
③ 《诸子丛考》序，《古史辨》第四册，第9页。
④ 《诸子丛考》序，《古史辨》第四册，第12页。

致想撰写一篇《由西洋哲学铁蹄下救出中国哲学》的论文，揭穿"中货西装的把戏"。事实已然发生，空谈固然不能挽回狂澜，但是也得想办法补救，他设法建立《中国哲学名辞辞典》，系统说明"中国哲学上所讨论的问题和所使用的名辞"。①

不仅是中国哲学，从晚清开始，运用西方思想研究中国文学也导致大量"比附"的案例。如蔡元培《石头记索隐》就把《石头记》当成是"康熙朝政治小说"。又有人说《水浒传》具有"民权思想"和"女权思想"，甚至说"中国之女权，发之又早有耐庵"。②风气所及，牵率附会的言论，比比皆是，此处不再赘引。罗根泽在诸子和中国文学研究中，显然对此有所反思。如他在进行中国古代文学史研究的时候，视野较为开阔，一直都比较重视考核西方学说，注意援引西方文学理论来研究中国文学。如他在探寻中国文学的起源之时，就注意到西方有关文学起源的学说，说"世界的文学公例，都是先有民间歌谣，后有文人诗颂"，又说"世界的文学还有一条公例，就是先有韵文后有散文"③，由此结合中国古代的相关论述，推导中国文学起源于殷商时代的占卜文字。又如，他在研究"文学史"的时候，既受到梁启超新史学的影响，也受到古尔芒等西方文学理论的启发。④只是，正如前文所述，对于引入的诸如散文等概念术语，他有着清醒的警惕。如罗根泽在写作《中国文学批评史》的时候，一直强调自己研究中采用的概念与中国古代文学实际之间的对应问题。如他看到，"文学"概念有：（一）广义——一切的文学；（二）狭义——诗、小说、戏剧和美文；（三）折中义之分——诗、小说、戏剧、传记、书札、游记和史论等。但是西洋文学的折中义，只包括诗、小说、戏剧和散文，而中国则诗以外的韵语文学，还有乐府、词和辞赋、散文以外的非韵语文学及骈文等，也应该列在内。如此，出于尊重中国

---

① 《诸子丛考》序，《古史辨》第四册，第12页。
② 陈平原、夏晓红编：《二十世纪中国小说理论资料》（第一卷），北京：北京大学出版社，1997年，第284页。
③ 《罗根泽古典文学论文集》，第11页。
④ 《罗根泽古典文学论文集》，第26页。

文学史的实际，罗根泽最后选择了折中义。他对于"文学批评"定义的取择和限定，同样是看到了中西概念之间的差异，重点根据中国文学批评史的实际来考量文学批评的各种因素和功能。不唯如此，他还看到了文学与哲学、文学史与历史学之间的诸多联系和差异，挖掘和凸显"文学"的学科意识和主体特征。

正是这种学术研究的主体意识，使他的文学研究重视对象思辨，所以中国古代文学和中国古代文学批评史呈现着两种取向，前者更多的是传统文史的一个分支，多以传统学术的方法展开讨论，后者则是舶来品，必须在现代文学观念下，考察中国古代的"文学裁判"。因此，罗根泽的中国古代文学史和中国文学批评史研究，一直有一种"紧张的融合"贯穿其中，即在运用现代学术方法和观念之时，重视传统学术和观念的特色，在比较中取舍。这种传统与现代之间的研究取向，一方面造就了他考辨型文学批评史的特色[①]，一方面又显现出对于现代学术话语的吸收和反思。这何尝不是国学院学人的写照，在很多时候，他们追求的是不古不今、不中不西之学问。

罗根泽先生的学术研究，因清华国学院重视学术方法的训练和入门指导，尤其是梁启超的指导，吸收了乾嘉学术传统的优点，在考据学基础上，采用科学方法，对于诸子学、文学史和文学批评史展开研究和开拓，取得骄人的成就。立足材料，并借鉴现代学术观念和方法，在上述三个领域的研究中，都有所体现，可谓"传统与现代"之间的体现。对此罗根泽先生似乎自己也有所觉察，所以在研究过程中，十分重视反思自己的研究对象，尽量做到不"缘附"，注重探讨西洋学术与中国学术之间的异同。虽然有些结论或可商榷，但是他的反思意识，应该引起我们的重视。

---

① 黄念然：《20世纪中国古代文学研究史·文论卷》，上海：东方出版中心，2006年，第40-50页。案：黄氏如此概括郭绍虞、罗根泽等人的文学批评史撰写，虽然能概括罗氏在文献整理和材料排比方面的成就，显然没有注意到罗根泽对于中西文学观念的反思，缺乏同情的理解。

"永远过'读书、教书、写书'的生活"：高亨的学术志业及其"三书"生涯

⊙ 梁丹丹

高亨，字晋生，光绪二十六年（1900年）农历七月初四出生于吉林省双阳县山嘴子村一个普通的农民家庭。父亲高学福，号东海，是打零工的雇农，母亲谭氏操持家务，终日纺纱、织布、养猪，借以维持生活。他们虽然都未曾读过书，但引此为一生遗憾，因而在艰难困苦之下，竭力供给儿子读书。

高亨幼时家境贫寒，他感念父母辛劳，深知读书不易，因而求学刻苦用功。自十岁时，入邻村私塾就读，学名高仙翘。在中国传统的私学里，开始了一生的读书生涯。在《自传》中，他这样记述道："从私塾起即惜时如金，每日闻鸡起床，没有油灯，燃起高粱秸，在微弱的亮光下，孜孜以读。从少年时代直到老年的漫长的路，不仅要求自己读得多，而且读得精，读得仔细认真。"①

八年寒暑下来，高亨对《论语》《孟子》《诗经》《尚书》等重要典籍能熟读成诵，为日后从事古代文史研究打下了坚实的基础。1918年春，18岁的高亨考入吉林省城，在离家二十公里的吉林省立第一师范学校读中学。至1922年冬毕业，度过了五年的中学生活。在这五年间，国文教员张文澍老师对他的影响最大，除了学校课程外，在他的指导下，高亨学习了《说文》《尔雅》以及音韵之学，又阅读了先秦诸子的主要著作及

---

① 《高亨自传》，达君代写，见《中国现代社会科学家传略》第一辑，太原：山西人民出版社，1982年，第291页。

前四史等古籍，拓展了自己的视野。

张文澍，浙江平湖人，毕业于北京大学，是著名国学大师、古文字学家黄侃的弟子。① 在他的影响下，高亨对我国古典学术产生了浓厚的兴趣，也粗识了学术研究的方法与门径。若干年后，高亨常常怀着深沉的感恩，感念张文澍老师给予他的启迪。

1923年春，高亨离开家乡，来到北京求学。先入弘达学院补习了半年英语。同年秋考入北京师范大学，但伦理学、心理学及教学法等教育类各种课程，并非高亨求学的志趣所在。于是1924年秋又考入北京大学。1925年暑期，时逢清华学校成立研究院招生，其宗旨是为培养从事中国经史古学研究的学者、各级学校国学教师及终身从事学术研究之人才。② 高亨报名投考，被录取为国学研究院首批研究生。

此时的清华学校，正处于向大学转型的时期，国学研究院的成立初衷，一是呼应在章太炎等人影响下胡适提出的以科学方法"整理国故"的主张，同时也为了纠正学校以往偏重西方文化教育，忽视中国固有文化的偏颇。当时的国学院荟萃了名满海内的杰出学者：王国维、梁启超、陈寅恪、赵元任、李济五位导师，他们常川驻院，指导学生。学生则常川住宿，摒绝外务，潜心治学。为了使学生能够从导师那里学成国学根底与治学方法，国学院特别注重营造"学生与教授关系异常密切"的学术氛围。在课程设置上分为"课堂演讲"和"专题研究"两种，以在教

---

① 案：张文澍，字馥哉，是音韵学家、考据学家黄侃在北京大学任教时期的重要弟子之一。著有《张馥哉先生遗稿》，载《制言》第五十期。参见王晓清：《学者的师承与家派》，武汉：湖北人民出版社，2000年，第111页。又见刘赜撰：《师门忆语》，《学林漫录》第八集，北京：中华书局，1983年，第34页。

② 案：据苏云峰的研究，国学研究院成立之背景有三：一为胡适提倡以科学方法"整理国故"，1922年北大设立"国学研究所"作为试验先驱，并希望清华设立同样的研究机构。二为曹云祥为提升清华程度，拟筹设大学，其中包括研究院，招收各学门大学毕业生，从事专门之研究。三为清华成立以后，屡被指责忽视中国文化和国情知识，曹云祥欲有所纠偏，曾发表《西方文化与中国前途之关系》一文，强调对中国固有文化的重视和研究。参见苏云峰著：《从清华学堂到清华大学（1911—1929）》，台北："中央研究院"近代史研究所，1996年，第320-321页。

授指导下从事"专题研究"为主要研习任务,"课堂演讲"仅居次要地位。①在入学之初,教授即公布个人担任的指导学科范围,要求学生根据自己志趣自由选择研究题目,经核准后从事"专题研究",撰写论文。为了便于教授指导学生,研究院还设立了五个研究室,五位教授各负责一室,备齐重要典籍供学生参考,并随时与学生接谈问难。②

高亨入学后,选择研究题目为"诗骚连绵字辑释",除此专题外,另作《韩非子》专书的研究,并以后者为毕业时的成绩。在清华国学院求学期间,高亨受王国维、梁启超两位导师的教诲最多。就指导范围而言,1925年,王国维先生的指导范围为经学(书、诗、礼)、小学(训诂、古文字学、古韵)、上古史与中国文学,梁启超先生的指导范围为诸子、中国佛教史、宋元明学术史、清代学术史与中国文学。③从"课堂演讲"来看,王国维开设有"古史新证""说文练习""尚书"的讲演,梁启超开设有"读书法及读书示例""中国通史"的讲演。当时清华同学热衷研究,学术氛围浓厚,高亨与刘盼遂、吴其昌等几位同学组织了"实学社",以"潜研实学为宗旨",并创办了《实学》月刊。④高亨曾在《实学》刊物上发表了《韩非子集解补正》《连绵字语根述略》《韩非子集解补正序》三篇文章。1926年6月底,高亨的毕业论文《韩非子集解补正》对《韩非子》作出

---

① 苏云峰著:《从清华学堂到清华大学(1911—1929)》,第334页。
② 苏云峰著:《从清华学堂到清华大学(1911—1929)》,第328页。
③ 苏云峰著:《从清华学堂到清华大学(1911—1929)》,第335页。
④ 案:此处见山东大学档案馆藏高亨个人自述。关于《实学》月刊的发刊经过,《从清华学堂到清华大学(1911—1929)》中有这样的记述:"关于《实学月刊》之发行,亦有一段曲折的经过。前面提到研究院教会曾决议不办杂志,只办丛书或论丛,但同学热中(衷)研究,有旺盛的发表欲,吴其昌、刘盼遂、汪吟龙、闻惕等组织'实学社',以'潜研实学为宗旨',并将其研究成果发表于《实学月刊》之上。第1期于1926年4月出版,有论文八篇。第2期于五月份出版,极受欢迎,'购者纷纷,供不应求',特于7月1日前将第一期'再版一千本'。由于《实学月刊》受到外界欢迎,原来反对同学办杂志的梁启超和王国维,转而支持。梁启超捐助大洋五十元,王国维捐助二十元,并提供论文。第3期于6月中旬出版,其中刊登了梁启超、王国维和研究院学生的十一篇文章。至此年冬出版第7期后停刊。"参见苏云峰著:《从清华学堂到清华大学(1911—1929)》,第361页。

了富于创见、有补前人的考释，以乙等第一名的成绩从研究院毕业，这是他以文字的形音义及考据为工具，阐明发挥古代文化典籍义蕴的学术起点。对于他的这部毕业论文，梁先生深为嘉奖，有"冠绝之论"[1]，以为白山黑水之间，绝塞荒寒，文献种子，以高君为第一人[2]，并勉励他说："陈兰甫开始把《说文》带到广东，希望你开始把《说文》带到东北。"关于《说文》，不得不提的是，青年时期的高亨醉心于《说文》的研读，几乎废寝忘食，将《说文》九千三百多字及其段注烂熟于胸，随时可以脱口而出。这为他后来独特的研究路径打下坚实的基础。梁先生毕业时还送他一手联："读书最要识家法，行事不须同俗人。"所谓的"家法"，其实是清代高邮王氏（王念孙、王引之）为代表的朴学家法，高亨把它作为一生的座右铭。[3] 国学院的大学生活对高亨的未来人生产生了极大影响，特别是导师对他的启迪与指引，使他确立了毕生的学术路径与信念——"遵循朴学的方法，以文字音韵训诂为工具"，阐发中国古代文化典籍的义蕴[4]，并决心永远过"读书、教书、写书"的"三书"生活。

高亨的学术生涯，从1926年毕业于清华国学院开始，迄于1986年逝世，整整经历了六十个年头。在这六十年中，读书、教书、写书相辅相成，大量的时间与精力用于国学研究，写下了五百多万字的学术著作，其中包括十五部专著，以及数量相当可观的学术论文，可谓著作宏富。

关于"三书"，他曾这样自述道："要想教好书，就必须认真备课，认真读书；能认真读书，就必有心得体会；心得体会多了，自然要求撰写成书，再以所写之书的精华，参以新读之书的真理，进行教书，就会使

---

[1] 夏晓虹主编:《清华同学与学术薪传》，北京：生活·读书·新知三联书店，2009年。
[2] 参见王培元撰:《高亨先生生平学术年表》，见《高亨著作集林》第十卷，北京：清华大学出版社，2004年，第422页。
[3] 参见《高亨自传》，达君代写，见《中国现代社会科学家传略》第一辑，第290页。
[4] 高亨撰:《诸子新笺·自序》，见《高亨著作集林》第六卷，北京：清华大学出版社，2004年，第3页。

质量逐步提高，见识逐年增广。"① 这正是他一生"三书"生活的真实写照。

高亨从清华研究院毕业后回到了家乡吉林，先在吉林省立法政专门学校任国文教授，兼任吉林省立女子师范学校国文教员。一年后，转任吉林省第一师范学校国文教员。1929年夏，转任沈阳东北大学教育学院国学教授。位于沈阳郊外昭陵前的东大校园，宁静而典雅，是学子求学的胜地。高亨在东大为学生讲授了文字学、诗经、先秦诸子等课程。高亨当年的学生华锺彦，在多年后曾这样回忆道："我是1929年在东北大学开始承教于高先生的。记得入学考试的国文试题'凡为文章宜略识字'，是高先生亲自命定的。高先生引用韩愈这句名言，对于不曾学过《说文解字》的考生未免难于下笔，但由此却可以甄拔人才。可见高先生培养学生非常重视文字学的基本功夫。"② 这里的"识字"其实是通小学的意思，是古典学术的基本功。高亨常对学生说：读古书，作古典学问，没有文字学的基本功夫，寸步难行。文字学、音韵学正是梁先生鼓励高亨遵循的高邮王氏的"家法"，是高亨一生读书、教书、治学的基本路径。

据华锺彦的回忆，1930年夏，有一位著名的经师被学生问得面红耳赤，问题是：《论语》中"子罕言利与命与仁"的旧注，训"与"为"及"，那么，按旧注的说法，利、命、仁三字对等，这句的意思就是说孔子罕言利、命、仁，然而孔子多次言仁，并非"罕言"，其中的矛盾如何解说呢？这个尴尬的局面，是由高亨出面解围的。高亨毫不含糊地推翻了旧注，说："'与'在这里当借为'举'，'与'和'举'字根相同，声则通转，韵则同部。《礼记·礼运》：大道之行也，天下为公，选贤与能，讲信修睦。'与'就解作'举'。"这样的理解，区分了"利"和"命""仁"。孔子对"利"则罕言，对"命和仁"则常举。这一事迹体现了高亨承继高邮王氏"家法"，

---

① 华锺彦撰：《高亨先生传略》，见《中国当代社会科学家》第六辑，北京：书目文献出版社，1983年，第269页。
② 华锺彦撰：《记高亨精研古籍二三事》，见华锺彦著：《华锺彦文集》中册，开封：河南大学出版社，2009年，第771页。

对文字学知识的灵活运用。①

关于高亨教书的风貌，华锺彦在1982年为高亨所作的传记中这样回忆道："高先生教书，严肃认真，一丝不苟。每课前都写成详细的讲稿，堂上极少有闲言碎语，声调爽朗，语言稳重，字字句句都能送入学生之耳，与当年钱玄同先生的教学风度颇相类似。讲解清晰，深入浅出，虽文辞古奥哲理深邃的先秦经典诸子之文，一经高先生讲解分析，取譬论证，仿佛云开冰释，化艰难为平易，变枯木为青枝。使学生心明眼亮，精力集中，久不疲倦。"②

华锺彦在《传略》中亦言：高亨为人为师"以身作则，言行正直，不同流俗。梁先生当年所赠联语，都已穷行实践。他对学生推诚相见，知无不言，言无不尽，语多鼓励上进，开导门径，循循善诱，谆谆入耳。学生每有一善，除奖掖其成就外，又指其小有不足，务使乐于发扬成绩，避免骄傲。遇有不善，则温言告诫，指陈利害，引古喻今，务使心悦诚服，乐于从善。因此，凡受过高先生之教的，都能感到他在学品双方所给予的深厚影响，有如春风化雨，滋润心田，甚至终身不忘"。③由此，我们可以对高亨早年教书时的形貌窥见一斑。

在东北大学执教的数年中，高亨结合教学的需要，致力于先秦诸子的研究，特别是对老子的研究，撰有《老子正诂》讲义，又撰成《庄子新笺》《荀子新笺》《吕氏春秋新笺》，运用朴学札记的方法抒录他对于诸子典籍校释的心得。当时，高亨与梁启雄同在东北大学执教，两人又同时钻研《荀子》，因此常常彼此切磋砥砺。高亨在为梁启雄所作的《〈荀子柬释〉序》中说："（案：民国）十八年春亨与梁氏同客沈阳，旬日必相见，相见必论《荀子》，如是者三载。（民国）二十年秋国难猝作，亨与梁氏同莅燕都，亦旬日必相见，相见必论《荀子》，如是者又二载。梁氏以亨嗜周秦诸子

---

① 华锺彦撰：《记高亨精研古籍二三事》，见华锺彦著：《华锺彦文集》中册，第771-772页。
② 华锺彦撰：《高亨先生传略》，见《中国当代社会科学家》第六辑，第270页。
③ 华锺彦撰：《高亨先生传略》，见《中国当代社会科学家》第六辑，第270页。

书,复以校雠之役相属。故梁氏此书亨读之最早,知之最深,钦服之最笃,望其付梓亦最切也。"[1] 在 1957 年所作的《诸子新笺·自序》中,高亨自述当年撰写《庄子》的《至乐》与《天下》两篇的考释时的旺盛精力:"记得我给这两部分下考证做解说的时候,翻书特多,用思最深,有时通宵不眠,而兴致淋漓,不感困倦,今年龄已老,没有当年的精力了。"[2] 可见他钻研之勤奋与专注。高亨于早年教书期间,还写成十四巨册、凡几十万字的《甲骨金石文字通笺》,这是他积十余年的心血,从《说文》入手研究金甲刻石文字的一部力作,但不幸丢失于沦陷的北平,成为他终身的遗憾。

1931 年 9 月 18 日,日军炮轰沈阳北大营,制造了"九一八"事变。东北大学师生逃往关内,校舍沦入敌手。此后不久,高亨随学校内迁到北平。董治安在《高亨先生传略》中这样记叙道:"那是一个天气阴沉的上午,高先生不得不扔下大部分衣物、图书,仅带着一部《说文》,几册心爱的古籍,以及正在奋力撰写中的《甲骨金石文字通笺》部分手稿,提着被褥卷,匆忙赶乘开往北平的火车。在乱哄哄的沈阳车站,高先生又把仅有的十一块大洋,送给同样急于进关而无钱购买车票的两位同事刘某和周某。几十年后,高先生还不禁怀着复杂的感情,回想起发生在那民族危亡年代的令人心酸的一幕。"[3]

1933 年上半年,日军占领山海关、热河、长城各口,平津告急。5月,国民党政府与日本侵略军签订了丧权辱国的《塘沽协定》。此时,身在北平的高亨非常惦念远在东北的家人的安危。这一年暑假,他离开北平,来到青岛,在任教于青岛女子中学的清华同学蓝文徵那里居住数日后,便冒着危险,从青岛乘轮船回吉林老家,路上受两三次检查,差点被日寇逮去。到家之后,幸喜父母还在。只住了五天,高亨就返回了青岛。

---

[1] 高亨撰:《〈荀子柬释〉序》,见梁启雄著:《荀子简释》"高序",北京:中华书局,1983 年。
[2] 高亨撰:《诸子新笺·自序》,见《高亨著作集林》第六卷,第 4 页。
[3] 董治安撰:《高亨先生传略》,见《高亨著作集林》第十卷,第 399 页。

这年8月，经由清华同学刘盼遂的介绍，高亨应聘为河南大学教授，离开北平来到开封。在河南大学执教的五年间，高亨教授文字学、诗经、先秦诸子等课程，曾与时任文学院教授的范文澜共事，并结为挚友。彼时，清华同学杨筠如在河南大学历史系任教授，高亨曾与杨筠如切磋探讨《尚书》，并给予杨筠如很大的勉励与助益。1934年杨筠如在所作的《尚书覈诂·自序》中曾这样记述道："癸酉之夏，北来中州，与同门高晋生先生相遇，取予旧稿读之，勉其完成，以无负先师之意，因复取为中州诸生课之。而晋生先生于《尧典》诸篇，时亦出其新谊。予因触类旁通，复能间有所获。"①

1937年"七七事变"后，日本发动全面侵华战争。1938年，高亨在宣传抗战思想的《经世战时特刊》②第23、28期上分别发表了题为《"九一八"是世界的纪念日》③与《教育应有的目标》④的文章，表达了他对战争时局的关切与三民主义化的教育主张。这一年，高亨的父亲在北平病逝。对于时居开封的高亨来说，国运艰难的悲哀，返乡是梦的痛楚，都深深萦绕着他的内心。这期间他曾写下不少诗词借以抒怀。如在《东风第一枝·闻雁》中，他写道：

> 御寇无人，还乡是梦。登楼听到征雁，分明今日初来，仿佛昔年曾见。烽烟漠漠，又何怪声声呼唤。有几许雪迹泥踪，南北东西飞遍。
>
> 思旧侣，恶风吹散。望去路，妖云遍断。再过河浦关山，

---

① 杨筠如著：《尚书覈诂·自序》，西安：陕西人民出版社，1959年，第2页。案：《尚书覈诂》曾载高亨《尚书说解》12则。见丁雪妮、陈锦春、盖翠杰撰：《高亨〈尚书〉说辑略》，载《社会科学家》2014年第9期。
② 案：《经世》半月刊为清史研究第一人萧一山于1937年在南京创办。1937年8月沪战爆发，暂时停刊，后萧一山委托范文澜负责主编，在开封分设副刊，改名为《经世战时特刊》，宣传抗日救国思想。后因经费问题而停刊。该杂志在抗战初期有很大影响。
③ 案：该文载于《经世战时特刊》，1938年9月，第23期。
④ 案：该文载于《经世战时特刊》，1938年11月，第28期。

久别辽原星汉。风翎雨翩，又道是飘零都惯。且鼓翼直上青霄，回首江山一叹！

1938年暑期，高亨辞去河大教职，经清华同学吴其昌的介绍，转任四川乐山武汉大学教授两年[①]，教授先秦诸子与国文。在武大，他与时任文学院教授的叶圣陶共事两年，此后亦结为终身的挚友、拜把兄弟。

1940年，高亨又辞去武汉大学教职，其时，东北大学迁至四川三台，高亨应聘担任东北大学国文系教授，教授文字学、先秦诸子、周易、诗经等课程[②]，其间兼任国文系主任一年。与高亨同时任教东北大学的清华同学还有蒋天枢、陆侃如、蓝文徵。特别是蒋天枢，是高亨一生相知甚深的至交。在四川三台，经蒋天枢的介绍，高亨与罗璘先生结成终身伴侣。在此后的日子里，罗璘不仅在生活中与高亨相濡以沫，而且始终在教学、科研上给予他有力的协助。

1943年8月，高亨转任成都齐鲁大学教授、中文系主任，教授文字学及先秦诸子。

1944年8月，高亨始任陕西城固的西北大学教授、中文系主任，教授先秦诸子与《周易》。

在颠沛辗转与生活困顿之中，高亨并没有间断自己的研究工作。自1934年起，他开始《古字通假会典》的资料收集工作，战乱期间未曾中断。古字通假的例证在清代阮元的《经籍籑诂》、朱骏声的《说文通训定声》等专书中有所采列，但他认为还远远不够。他计划编集此书，旨在广泛辑录经籍中两字通用的例证，并分部别类编集成一部大型的工具书。同时，他也在倾注于《墨子》的研究，开始《墨经校诠》的写作，对《墨子》中的《墨经》作出全面的校勘与整理，并对墨子的诠解提出自己的创见；1936年，撰成《墨子新笺》，对《墨子》中除《墨经》外的重要篇目作出

[①] 案：自1938年4月起，武汉大学西迁乐山，达八年之久。1938年10月，武汉沦陷。

[②] 案：随着日军继续西犯，1938年3月，东北大学由西安迁到四川三台。

考释笺证。1944年,《墨经校诠》初稿完成。① 曾于1929年写成的《老子正诂》讲义,历经十年增补,最终形成定稿。②1938年在乐山开始《周易古经今注》的撰写,在抗日烽火笼罩下的武汉大学,虽有空袭的威胁③,高亨仍然奋力在短短的两年间撰成了此书。他在1942年为屈万里的《先秦汉魏易例述评》所作的序中曰:"余近数年来,潜心治《易》,不揣梼昧,撰为《周易古经今注》六卷。象数旧说,既皆排斥。义理陈谭,亦罕采撷。所致力者,仅在筮辞。十翼而下,未遑肆及。友人屈君翼鹏,深研《易》学,多历年许。著《先秦汉魏易例述评》一书,知余于此经稍有心得,远道寄稿,谦衷微叙。"④《周易古经今注》是高亨早年治《易》的集大成之作,不仅从训诂的层面对《周易》古经的经文作出了全面的考释,而且提出了不守《易传》、不谈象数的"经传分观"的治易原则,还原了《易》作为一部筮书的原貌与史料价值,对20世纪的易学研究有极大的开拓之功。

在当时战乱的恶劣环境下,高亨仍能如此坚持不懈地进行学术研究,是需要极大的韧劲与毅力的。在1940年6月所作的《老子正诂·自序》中,他道出了自己于国家危难之中的内心怀抱:"大战既作,应武汉大学之聘,栖止嘉州。国丁艰难之运,人存忧患之心。唯有沉浸陈篇,以遣郁怀,而销暇日。"⑤《春怀》这首诗,是高亨在四川乐山武汉大学所作,同样表达了他报国无门、潜研古籍的复杂情怀:

---

① 案:该书于1954年修改后正式出版。
② 案:于1941年由好友叶圣陶介绍给上海开明书店,两年后得以出版。
③ 案:随着抗战的深入,日军于1938—1940年间对四川各地空袭。乐山是被轰炸的城市之一。特别是1939年8月19日,日军出动36架轰炸机,对乐山城区进行了猛烈轰炸,制造了"八一九大轰炸",三分之一的乐山城被完全炸毁,五千无辜同胞被炸死炸伤,上万乐山人无家可归。其时,高亨正在乐山执教。
④ 案:这部书的出版因战乱而历经了波折,先由叶圣陶介绍交上海开明书店,后因开明停业,没能出版,1943又交贵阳文通书局,适逢日军进犯桂黔,只匆匆印了"通说"部分,1947年排印出版。
⑤ 高亨撰:《老子正诂·自序》,见《高亨著作集林》第五卷,北京:清华大学出版社,2004年,第14页。

秋雨车马招入秦，而今愁见海棠春。
铁鸢卵坠斑斑血，夷马蹄飞处处尘。
破碎山河空涕泗，餖飣文字岂经纶。
自怜于国终无补，应伴渔樵做隐沦。

关于高亨在国难时期的教书生活及其与学生之间的情谊，我们从董治安的《高亨先生传略》中可以找到这样一段记述："高先生一向宽以待人，尤其热爱学生，肯于向年青人提供帮助。他是严师，又是一位可亲的长者。早在三四十年代东北大学内迁四川时，生活并不富裕的高先生就曾一而再、再而三地给一些东北籍同学以多方面的资助，并且十分关注他们的学业。他的课，有的同学期考成绩稍差一点，他常常尽量给提到及格的分数线。他向罗璘先生解释说：'这些学生都是不愿当亡国奴，才流亡至此；若考试不及格，就会失去助学金，甚至要被迫退学，生活都会成问题，所以，应当尽量给一点照顾。'"①

董治安在此《传略》中还记述了1942年东北大学文史研究所招生中的一段周折，从中更可见他对学生的负责与爱心："在发了录取通知之后，少数领导人忽而仓促决定改文史研究所为历史研究所。已被通知录取的一部分攻读文学的青年面临着失学的危险。高先生了解此一情况后，立即亲自去找所长金××，指责其错误决定，要他对学生负责，以至同所长吵了起来。事情闹大以后，所长毕竟理屈，一批差一点失学的学生终于被录取了。"②

1945年，日寇投降。这年8月，为了能够随校返乡，高亨离开陕北的西北大学，重返四川三台执教东北大学，教授先秦诸子及周易、诗经、尚书等课程。1946年，随校回到光复后的沈阳，并得以回吉林探望他的母亲。在东大执教期间，他从北京借来一批书，修正他的《墨经校诠》等旧作。此时，他还兼任东北中正大学和女子师范大学中文系主任，以

---

① 董治安撰：《高亨先生传略》，见《高亨著作集林》第十卷，第415页。
② 董治安撰：《高亨先生传略》，见《高亨著作集林》第十卷，第415页。

及沈阳博物院筹备委员会委员。但是，由于兼管院务妨碍研究工作，并且，几年来高亨一直只身一人在外地工作，罗璘和孩子仍在三台，因此，他经过反复的思量，最终放弃了优厚的待遇和令人仰慕的职位，重返四川。

1948年秋，高亨任三台川北农工学院国文教授，半年后转任北碚相辉学院教授，教授先秦诸子、尚书、诗经。在北碚，他迎接了新中国的成立。1950年11月，到重庆西南师范学院研究室工作，主要研究《诗经》。1951年4月，参加了西南人民革命大学政治研究班，接受党的思想与政策的教育。1952年，东北教育部从西南区调派大中学校教师一百余人到东北工作。这年4月，他举家北上，回到了故乡吉林，出任吉林师范专科学校教授，讲授语法、修辞及历史文选。1953年，吉林师专停办。这年8月，经陆侃如、冯沅君夫妇的引荐，山东大学聘高亨为中文系教授，高亨举家从东北迁到了山东。

当时的山东大学坐落在美丽的青岛，在校长华岗，副校长陆侃如、童第周的主持下，学术上一派欣欣向荣。尤其文史两系会集了诸多杰出的学者，学术氛围十分浓厚，图书资料也丰富齐全。这使历经了十多年流徙辗转生涯的高亨感到内心的安顿与如归。此时，他虽已年过五十，但内心却焕发着无比的热情，期盼着为新中国的学术作出自己的贡献。在此后的几年里，他不但承担了中文系本科生的基础课、选修课，以及研究生、进修教师的辅导课等繁重的教学任务，而且担任了山东大学学术委员会委员、副博士导师。从1957年6月起，他受聘兼任中国科学院哲学社会科学部哲学研究所研究员。

1958年，山东大学由青岛搬迁到济南，随之而来的是三年自然灾害。上有九十高龄的老母，下有五个年龄尚小的孩子，还有吉林老家的三妹，一家九口全靠他一个人的收入供给，尽管山大的薪水可观，但生活也十分拮据。五六十年代政治上"左"的路线，也曾给他的生活带来一定的干扰，但这些并没有影响他所热爱的教学与研究工作。

关于高亨在山东大学教书的形貌，他的学生及后来的助手董治安曾这样回忆道："在教学上，高先生严肃认真，一丝不苟。为本科生大班上课，总是先写成讲稿，并在讲稿上划出重点，作好充分准备；站到讲台上极少闲言碎语，声音洪亮，字字清晰，叙述清楚而重点明确。有时候，为了解释一个少见的字义，或驳斥一种错误的理解，他习惯性地稍作停顿，接着高声强调：'据我的考证……'铿锵有力，言之凿凿，使听讲者有一种确然可信的感觉，并且受到情绪的感染。……他为研究生、进修教师上辅导课，严格定课目、定时间，从不随意敷衍、草率从事。"① 董治安在《传略》中还回忆了这样一则往事："六十年代初，他已是六十多岁的高龄，还在大课堂为同学讲《诗经·大雅》。一次，时届深秋，他抱病上课竟累得大汗淋漓，几至不支。同学们建议提前下课，他却坚持在讲桌旁稍事休息，五分钟后，继续讲授，直到下课铃声响后才由助手搀扶回家。"②

这一时期，高亨一方面从事大量科研工作，平日足不出户，惜时如金；另一方面也不惜付出可观的时间和精力指导青年后学，逐字批改作业，具体解答问题，指导论文写作。为了使一位助手业务上更快提高，他曾经有意地几次带这位青年同志去图书馆和古旧书店，一边借书、购书，一边于目之所及、信手翻检中介绍有关古籍的具体内容和价值，并结合实物讲述文献学等方面的知识。用心之深细，非一般导师所能比。③ 他还经常让其研究生、进修教师对他的教学和论著提出不同的意见，提倡教学相长，讨论有益。他鼓励自己的学生要敢于同老师进行讨论，勇于质疑："对老师提出批评、建议或商榷，正是爱师尊师的表现。"他还勉励几位学生说："在学术上，你们不要一切以我为是，也要'批判地继承'。现在你们的条件比我年青时好得多，只要认真、刻苦、努力，我看过上二三十年，就会赶上我，大大超过我。"④

高亨对学生的教诲不限于知识上的传授，更有治学方法上的启迪，

---

① 董治安撰：《高亨先生传略》，见《高亨著作集林》第十卷，第 414-415 页。
② 董治安撰：《高亨先生传略》，见《高亨著作集林》第十卷，第 415 页。
③ 董治安撰：《高亨先生传略》，见《高亨著作集林》第十卷，第 415 页。
④ 纪丽真：《高亨：在青岛的读书、教书、写书生活》，见魏世江主编：《走近海大园——大师足迹篇》，北京：中国海洋大学出版社，2007 年，第 123 页。

董治安在《难忘的启迪与教诲》一文中这样回忆道:"记得在我刚刚开始进修不久,高先生就反复叮嘱,要我踏踏实实地真正'读通'一种重要古籍,把这作为走向治学之路的第一部。高先生认为,多花些气力把一种古籍读深、读透,有助于提高阅读能力,积累读书经验,把握治学方法;能够进而为研读其他古籍打下基础,创造条件,开辟途径。正是在这个意义上,他一再要我和其他几位共同进修的同志记住一句老话,叫作'一经通,百经毕'。……高先生指导我进修的主要内容是先秦文学。然而,他规定给我的必读书目,则不以文学作品为限,而差不多包括了这一时期全部重要的文、史、哲著作。他主张'读通'一书,热情鼓励我务以精、专为奋进的目标,同时却反对希图侥幸、贪走捷径,要我实实在在地走一条广中求精、博中求专的治学道路。他曾援引孟子的一句话:'博学而详说之,将以反说约也。'具体向我们阐说广与精、博与专的辩证关系,至今在我脑海中还留有深刻的印象。"[1] 这里,他殷殷教诲学生的"一经通,百经毕"的治学方法正是早年在清华国学院求学时期就开始确立的,也是贯穿他一生学术研究实践的可贵的经验之谈。

他终日勤勉于工作,惜时如金,即使进入老年,身体渐弱,并患有高血压、青光眼等疾病,其治学的刻苦勤奋也一如往昔。熟悉他的人都知道他几十年来每日工作的时间表。在 60 年代,年逾花甲却依然如此。坚持每天早晨四点起床,随即伏案工作,至九时许,或小睡片刻,或稍作活动,又继续研读或写作;午饭后(除盛夏)一般不再休息。一天伏案工作竟长达十小时以上。[2]

在山大工作的数年里,他的学术研究进入了一个高峰期,取得了令人钦敬的丰硕成果。其中包括以下八部专著:《诗经选注》与《楚辞选》(合著)于 1956 年出版,《周易古经通说》、经修改后定稿的《墨经校诠》于 1958 年出版,《诸子新笺》《文字形义学概论》于 1961 年出版,《周易杂论》于 1962 年出版,《上古神话》(合著)1963 年出版,在学界产生

---

[1] 董治安撰:《难忘的启迪与教诲》,载《文史哲》1982 年第 4 期。
[2] 董治安撰:《高亨先生传略》,见《高亨著作集林》第十卷,第 415 页。

了广泛的影响。特别是其中的《诗经选注》,是新时期较早的《诗经》选注本,精选诗三百篇中的七十篇诗作进行注释与考证,并附以押韵、晓畅的译文,在诗篇的释读上提出了新见;《文字形义学概论》写成于40年代,后经过修订出版,是一本具有普及性和实用性的文字学教材,它的特点在于以较多篇幅具体论述了字义的转注、引申、假借、训诂以至重音、连语的条例,以及文字形音义相结合而滋生转换的情况;《周易杂论》则收录高亨50年代积极参与当时学术界《周易》经传问题讨论而发表的四篇有关《周易》哲学思想与文学价值的论文①,以及一篇未刊论文《〈左传〉〈国语〉中的〈周易〉说通解》,推进了新时期易学研究的发展。

自50年代起至60年代初,他还撰写发表了一批具有重要价值的学术论文,其中包括:《墨经中一个逻辑规律——"同异交得"》《周代"大武"乐考释》《周代地租制度考》《诗经引论》《史记的思想性与艺术性》《老子的主要思想》《商鞅与商君书批判》《蔡文姬与胡笳十八拍》《上古乐曲的探索》《晏子春秋的写作时代》《孔子思想三论》《试论庄子的齐物》《孔子与周易》(合写)《周颂考释(上、中、下)》《试论晚周名家的逻辑》等。于1960年年底初步编成约40万字的学术论文集《文史述林》。1963年,撰成《商君书新笺》。在这一年前后,开始《商君书注译》《周易大传今注》的研究与撰写工作。

此外,已引起学界重视的旧作《老子正诂》于1956年由古籍出版社重印再版,《周易古经今注》于1957年由中华书局重印再版,他的成果发挥着更加重要的学术影响。

1963年10月,高亨参加了在北京召开的中国科学院哲学社会科学部第四次委员会扩大会议。11月6日,在会议即将闭幕时,他与其他九位学者受到了毛泽东、刘少奇、周恩来等国家领导人小范围的接见,毛主席与高亨亲切地握手,风趣地问他:"你是研究哲学的,还是研究文学

---

① 案:这四篇文章是《周易卦象所反映的辩证观点》《周易大传的哲学思想》《周易卦爻辞的哲学思想》《周易卦爻辞的文学价值》。

的呢？"他说读过高亨的几部著作，并且说了一些肯定与鼓励的话。此一殊荣，使高亨激动不已，久久不能忘怀。返回济南后，他把自己的《周易古经通说》《周易杂论》《墨经校诠》《诸子新笺》等著作六种及60年代初读毛主席诗词写的《水调歌头》一词寄呈毛泽东主席。毛主席于1964年3月18日给他回了信，信中说："高亨先生：寄书寄词，还有两信，均已收到，极为感谢。高文典册，我很爱读。"①

1966年"文化大革命"开始，高亨同许多教授一样受到了批判，被迫参加体力劳动。"文革"期间，有人批判他是"先师派"，因为他"言必称'任公先生''静安先生'"，从不直呼导师的姓名，是"为亡清遗老和资产阶级政客张目"，他始终默然以对。

1967年8月，在毛泽东的直接干预下，他被借调到位于北京翠微路2号的中华书局，参与"二十四史"的点校，实际上是被保护起来。

迁居北京后的日子里，他与多年的老友范文澜、叶圣陶、蒋天枢、唐兰等人之间的友情老而弥笃，与学生辈的董治安、华锺彦、单演义、史树青也保持着师友情谊。

"文革"期间，他撰成了《周易大传今注》初稿（1970）、《老子注译》（1974）与《商君书注译》（1974）三部重要的专著，又发表了论文《试谈马王堆汉墓中的帛书〈老子〉》（合写）、《十大经初论》（合写）。1971年，日本中文出版社、中国台湾中华书局出版了他30年代的旧作《庄子今笺》。②1976年，《周易古经今注》收入严灵峰编辑的《无求备斋易经集成》，在台湾成文出版社出版。

时至70年代后期，他已年逾古稀，本已体弱多病，因长期伏案又造成了腿肌肉萎缩，以致不能下床，但他仍手不释卷，坚持著书。华锺彦这样回忆起他70年代的治学精神："最使我钦敬而感动的是，他从七十年代初期，即患皮炎，周身痛痒，不可受风，渐至于身体衰弱，不能下楼。然而坚持伏案、不废丹铅，夙兴夜寐，永不释卷。犹记他在一九七七年，

---

① 毛泽东：《毛泽东书信选集》，北京：人民出版社，1983年，第596页。
② 王培元撰：《高亨先生生平学术年表》，见《高亨著作集林》第十卷，第433页。

卧在床上，手持《太玄》，对我说：'此书不经整理，无法诵读，吾老矣，不复近于是矣，其将成为广陵散欤！'……然而高先生在那种艰难情况下，终于坚持写出初稿。"①

1978年党的十一届三中全会召开后，改革开放的大好形势，为学术界带来了新气象。高亨感到精神振奋，渴望为四化建设作出更多的贡献。虽然他已离开山东大学十多年之久，但每于北京住所见到山东大学的同事、学生，总是要谈学术研究，谈教育发展，谈学校建设，情真意切，溢于言表。他甚至几次表示想迁回济南山东大学宿舍，以便为研究工作提供更多方便条件。②1981年，在山大五十五周年校庆之际，他曾赋诗庆贺："神州儿女俱英雄，四化高峰自可登。千佛山边高树绿，大明湖畔百花红。竞驰革命星旗下，同在春风化雨中。五十五年齐鲁地，泰山耸耳听书声。"③

在他的不懈努力下，1978年起，仅用了一年多时间就撰成了新义迭出的专著《诗经今注》，对《诗经》中的每篇诗作都进行了清晰透彻的注释、考证以及主旨的索解。同年，发表了《关于老子的几个问题》，对于长期以来聚讼纷纭的老子其人及其事迹的问题，提出了独到的见解。1979年，《周易大传今注》经修订后出版，成为与《周易古经今注》相辅相成的另一部集大成之作。1980年，出版了专著《老子注译》与《文史述林》，发表了《〈诗经〉续考》《读书漫志》《易传中朴素的辩证法世界观》等学术论文。这些成果历历展现了他在新时期取得的学术成就。此外，自1934年起开始编集的《古字通假会典》（180多万字的工具书），至1979年，资料已经抄完，例证已按顺序排好，但由于他与罗璞年老有病，难以继续从事校阅剪贴之事。在他的一再要求下，山东大学中文系决定让他的学生，时为中文系副教授的董治安协助他完成《古字通假会典》的收尾

---

① 华锺彦撰：《高亨先生传略》，见《中国当代社会科学家》第六辑，第272页。
② 董治安撰：《高亨先生传略》，见《高亨著作集林》第十卷，第415页。
③ 王培元撰：《高亨先生生平学术年表》，见《高亨著作集林》第十卷，第422页。

工作。①

70年代末80年代初，他已是八十岁高龄，不时卧病在床，在罗璘的帮助下，设置了一块特制木板，悬于胸前，自己半仰在垫高的枕头上，借此读书写字；视力不清，则求助于高倍放大镜，往往一天下来读书不过数页，一条短札竟需费时多日，而高亨却持之以恒，作而不辍。② 其治学精神令人感佩。1980年6月所作的《自传》云："努力著书立说，直到年事已高，身体不好，目力不支，写字手颤，仍然要求自己振作精神，不忘写作。有些稿件，修改之后，令子女帮助誊写，则要求字迹工整，不准有一字之误；抄完之后，都要逐字逐句亲自校阅。几十年来，我的光阴几乎都是在古书堆中，在写字台前度过的。一个问题的思索，可以彻夜不眠；一字新义的发现，足以兴奋几天。这些工作和事业，就是我的全部欢乐。"③

1986年2月2日晨，高亨先生在北京逝世，终年八十六岁。

在他逝世三年后，《古字通假会典》这部集结他毕生心血的辞典终于得以出版问世。

---

① 案：原名为《古字通假辞典》，后来更名为《古字通假会典》。该书于1953年曾形成初稿《古字通集证》，但是高亨对于初稿并不满意，于是进一步广泛查阅各种典籍，由夫人罗璘先生协助撰写，在罗璘1955年到山东大学图书馆工作后，撰写工作暂时停顿。几年后，又说服罗璘退职，当一名不挣工资的助手，继续搜集资料。参见《高亨自传》，达君代写，见《中国现代社会科学家传略》第一辑，第292页。
② 董治安撰：《高亨先生传略》，见《高亨著作集林》第十卷，第415页。
③ 《高亨自传》，达君代写，见《中国现代社会科学家传略》第一辑，第291-292页。

传承中国史薪火：蓝文徵学述

⊙ 马强才

一

蓝文徵（1901—1976），字孟博，吉林舒兰人。1901年农历八月十三日子时，生于六道荒。六道荒即今舒兰县，曾为地广人稀之"荒"，为清廷皇家封禁地。宣统元年（1909年），吉林府派员在舒兰"六道荒"境内成立设治局，由设治委员统辖境内之事。在蓝文徵先生的好友萧一山先生撰写的《蓝孟博先生碑文》[1]和其高徒汤承业《蓝文徵先生的学业与道业——兼论蓝先生的学术思想》[2]（二人系据蓝先生家人回忆和族谱所写）中记录了他的家世，概括如次：

> 蓝家先祖乃春秋战国时楚公子亹，尝为蓝尹子，子孙遂因而氏。战国时，有中山国（在今河北省定县）大夫蓝诸后裔，子孙向晋北分布，当为蓝师先世之始，世居大同府广灵县侯家庄。清康熙间，有蓝成者，徙居辽宁海城县，为蓝氏

---

[1] 萧一山：《蓝孟博先生碑文》，见萧一山文集编辑委员会编：《萧一山先生文集》，台北：经世书局，1979年初版本，第578-581页。
[2] 汤承业：《蓝文徵先生的学业与道业——兼论蓝先生的学术思想》，转引自蓝先生撰写包一民女士画展简介，《"国立"编译馆馆刊》1978年第7卷第1期，第171-210页。

东辽一世祖。传子琏，孙亨，皆居其地，宗派蕃衍，至曾孙仁，于乾隆间被编入汉军正白旗，东迁吉林舒兰县之东屯，世守柳边，是为蓝家四世祖，长房居住东屯守祖茔，供家谱。其余散居大丰沟等地，置产建业，并称小康。蓝先生祖父桂起，字西山，性仁厚正直，事亲孝，友爱兄弟，通经善算，经常著闻，增良田至三千余亩、山林六平方里，重修住宅，一门和睦。父廷璋，字栽亭，生于清同治十三年（公元1874年），伯仲行四，风采硕伟，为人刚毅正直，克己助人，乡里称贤。母李氏秀淑，生于同治七年（公元1868年），出自南站（蓝家西南三十里）书香名门，秉性娴德，善于治家，阖家咸敬之，殁于民国十三年（公元1924年）。蓝先生之性情温和，似受之母系，而意志坚强刚（毅,）秉之于父系也。

蓝文徵少年聪慧，自幼得祖父钟爱，七八岁时，从祖父学习《三字经》《百家姓》《弟子规》《幼学琼林》等传统蒙学读物。1909年，蓝文徵祖父去世，进入私塾学习，一年之间即读毕《四书》。十岁时，蓝文徵兄弟来到舒兰站学习。舒兰站，在今舒兰县溪河镇。这个毗邻于昔日舒兰河驿站的乡村，交通便利而人口渐多，因而有了兴办教育的必要和可能。

蓝文徵在舒兰完成高小、中学的学业。十五岁，就读于法特哈边门。法特哈边门，位于舒兰县城西北。清康熙年间，朝廷修筑柳条边（新边）最北头边门，又名巴延鄂佛罗边门，在舒兰县法特乡政府所在地。

1916年，蓝文徵中学毕业，执教家馆，仍孜孜以求，手不释卷而苦学不辍。十七岁，通过六姑母的介绍，执教邱氏家馆，并开始同当地名儒马致清游，学业更为精进。同年秋八月十一日，与林立雍女士成婚。此后一生，伉俪感情甚笃。1919年，考入吉林省立师范学校，经过四年的学习，顺利从师范学校毕业。次年，任教于舒兰县立小学。1925年，应显赫一时的牛氏之聘，任教于牛家书馆。翌年考入吉林政法专科学校。

1927年，在结束大学阶段的学习之后，蓝文徵考入清华学校（次年易名为清华大学）研究院，受业于梁启超、陈寅恪等名师，从事国学、史学研究，指导老师为梁启超先生。与蓝文徵同期入学的同窗有：王省、吴宝凌、叶去非、罗根泽、蒋天枢、葛天民、储皖峰、张昌圻、门启明、马庆裔等；又有1925年录取的裴学海和1926年录取的马鸿勋。同时在国学院就读的，还有刘盼遂、姚名达、吴其昌、宋玉嘉、颜虚心、刘节、戴家祥、司秋沄、朱芳圃、侯堮等十二位师兄。国学院本学期所开设的课程如次：

教授：梁启超（历史研究法、儒家哲学）；

赵元任（方言学）；

陈寅恪（梵文文法）。

讲师：李 济（考古学）；

林志钧（人生哲学）。

助教有王庸、梁廷灿、浦江清、赵万里等。此外，国学院还曾增聘朱希祖为兼职讲师，梁思永为名誉助教，余永梁为助教。[①]这一学年，蓝文徵在导师的指引之下，完成各科学业。期满后，蓝文徵与颜虚心、罗根泽、蒋天枢、葛天民、储皖峰、张昌圻、门启明、马庆裔、裴学海、侯堮等十人留下继续研究学习。1928年9月12日，又迎来裴占荣、徐景贤、王静如三位同窗。这一学年，国学院的导师及开课情况是：

教授：陈寅恪（梵文文法、唯识二十论校读，每周一小时）；

赵元任（方言学，第二学期开）。

讲师：马 衡（金石学，每周二小时）；

林志钧（人生哲学，每周二小时）；

李 济（考古学）。

正是在这一阶段，蓝文徵选定专题研究为"中国史学史"，完成了毕业论文《〈逸周书·谥法解〉疏证》。结束后，被批准留院再做一年研究。

据蓝文徵回忆，在清华国学院学习时期承几位大师言传身教，受益匪浅。就现有资料来看，蓝文徵最初是由梁启超先生指导，但梁氏身体抱恙，于1928年6月辞去国学院职务。第二年，遂改由陈寅恪先生指导。

[①] 孙敦恒：《清华国学研究院史话》，北京：清华大学出版社，2002年，第74页。

1929年6月，蓝文徵顺利从国学院毕业，虽然只有毕业证而无学位颁发，却仍然自豪于心。

　　清华国学院毕业后，虽然得到梁启超先生推荐到东北大学任教，蓝文徵却选择继续留京研究一年，然后才在师长的推荐下回到沈阳，执教于东北大学，但很快时局发生改变。1931年，日本军队发动"九一八"事变，东三省惨遭蹂躏，民族危在旦夕。东北大学不愿接受日伪统治，在校长张学良将军的带领下，被迫内迁而踏上流亡之途，于9月26日来到北平，开始借址复校，增设"边疆政治系""家政系"等实用学科，停开部分科系。面对国难，蓝文徵与栗直先生"公期复土，信誓旦旦，永矢弗懈"①，因此"只身入关"②，"旅居燕都，凡故宫名画，厂肆珍品，无不详观精研，心印神会"③。继而，南下青岛，任教于青岛女中。1933年，蓝文徵踏上邮轮，东渡日本留学，入早稻田大学研究院研习唐代政治、经济史。据蓝文徵高徒、东海大学教授陈锦忠先生回忆，蓝文徵曾自述，他到日本其实还有一个重要任务，即收集日本所出有关中国的地图等敌情，以及联络团结在日东北留学生，因为局势日渐紧张，需要大量地图资料和军政动态，以观察日方备战情况，凝结抗日力量。在东京学习期间，蓝文徵经常往返于东洋文库与宿舍，查访资料，拜谒学者。其中，最令学界津津乐道的是，他曾在1933年于东洋文库邂逅白鸟库吉。白鸟为日本东洋学泰斗，当听说蓝文徵乃陈寅恪学生后，"马上趋前与他握手"，"原来，白鸟研究中亚历史时遇到某个难题，写信请教奥地利、德国学者，都不得其解，后来托人请教陈寅恪，问题才总算得到解决"。④

　　日本发动的侵略战争，为彼时一代中国知识分子的学术研究带来巨大震荡，许多人此前着手的研究不得不中途停滞。国辱家难，颠沛流离，

---

① 栗直:《悼蓝文徵先生》，《东北文献》6卷4期，第5页。
② 案：见陈哲三《陈寅恪先生及其轶事》所记蓝文徵自述。此文收入张杰、杨燕丽编:《追忆陈寅恪》，北京：社会科学文献出版社，1999年，第87页。
③ 汤承业:《蓝文徵先生的学业与道业》，转引自蓝文徵撰写包一民女士画展简介，第183页。
④ 见陈哲三《陈寅恪先生及其轶事》所记蓝文徵自述。此文收入张杰、杨燕丽编:《追忆陈寅恪》，第89页。

更煎熬着学人的精神。自"九一八"事变以后将近二十年中，蓝文徵大多都在漂泊中度过。1937年，蓝文徵自日本归国，执教于内迁复校的东北大学史地系，系主任则是蓝文徵在清华国学院的学长周传儒先生。西安事变后，校长张学良将军被软禁，国民党教育部全面介入校务，东北大学开始完全撤出北平，迁往郑州，最后到达西安。抗日战争全面爆发后，蓝文徵随校迁往陕西西安。次年春，日本军机轰炸西安，蓝文徵只能再一次随校迁至四川三台。1939年，蓝文徵受教育部任命，转赴陕西城固，任西北联合大学教授，并担任教务总长。当时，抗日激情高涨，校园难以平静，蓝文徵为处理好学校与教育部的关系，可谓殚精竭虑。

1940年，应萧一山之邀，蓝文徵再回四川三台，出任东北大学历史系主任，在艰苦的条件下，努力办学，延聘丁山、蒙文通、贺昌群、陈述等知名学者任教，培养了大批人才。1943年夏，因萧一山休假，蓝文徵一度代理东北大学文学院院长。旋即，受国民党教育部部长陈立夫之邀，赴重庆北碚国立编译馆任编纂。在此期间，与馆中顾颉刚、侯堮、蒋天枢等人过从甚密、问学往来。《顾颉刚日记》曾记载：1943年11月5日，他与蓝文徵在编译馆见面；1944年1月3日，在馆中又与侯堮、蒋天枢、蓝文徵等相见。[①] 蓝文徵在重庆，生活相对稳定，编译馆的办公条件相对优越，于是决心从事著述。1944年8月，再任西北大学历史系教授、系主任兼训导长。在此颠沛流离的情势下，蓝文徵完成了《中国通史》和《隋唐五代史》，前者由贵阳文通书局1942年出版[②]，后者由重庆商务印书馆1946年刊行。

1946年，抗战胜利，国民党机关迁回南京，开始一系列的"重建"工作，蓝文徵于本年年末，出席"国大"，参加国民制宪会议。随即，被任命为北平行辕参议，兼《经世日报》主笔。1948年4月，在南京参加"国大"，当选为国民政府立法委员，代表东北三省。从此，直至生命的终点，蓝文徵一直担任立法委员，参与一些政治活动，关心的问题多与教育

[①] 顾颉刚：《顾颉刚日记》册5，台北联经出版公司，2007年，第183页。
[②] 案：汤承业谓1947年初版，当误。

有关。

1949年12月，蓝先生随国民党撤出大陆，举家迁往台湾。最初任教于台湾师范大学，后因为有"立法委员"公职在身，只能担任兼职教师。在他心目中，教育乃百年大计，不可不慎，希冀能借担任"立法委员"一职，对相关教育政策有所影响。稍后，还曾在台湾政治大学兼职，指导学生论文。同时，蓝文徵出任台湾政权教育机构博士学位考试委员会委员，负责担任"国授"历史学博士学位的面试人。

1957年，台中私立东海大学创办，蓝文徵任该校历史系兼职教授，并在此指导学生。在这里，他与萧一山、徐复观等先生，相处甚欢。可以说，东海大学时期，是蓝文徵晚年最为重要的一段生命历程。据其孙女蓝百川女士回忆，蓝先生晚年长期居住于东海大学，授徒讲学，指导过数位著名学者，包括汤承业、陈锦忠、蓝吉富等。蓝先生因兼有"立法院"与"教育部"的公职，所以长期往返奔波于东海大学与台北之间，但是一生遭受颠沛流离之苦，深明历代兴衰变迁，所以当东海大学成立时，身处台中，除了休养身体、专心讲学外，也在一定程度上有意于远离台北政治是非圈。

1976年1月25日，蓝文徵先生在台中荣民医院病逝，享年七十六岁。逝世之后，蓝先生受到老友如萧一山、徐复观等先生的怀念，也得到汤承业、陈哲三等高徒的感戴。[①]

二

汤承业在《蓝文徵先生的学业与道业》一文中说蓝先生的"国学根基"，"早奠定于童年时期，乃由祖父桂起公于家庭教师田先生之尽力培植"，而在校时间最久者，是在"吉林省立师范学校与日本早稻田大学研究院"各四年，但是他"进入学业之佳境，且得以继承诸位国学大师之

---

① 萧一山先生撰写《蓝孟博先生碑文》，徐复观先生撰写《悼蓝孟博先生》，汤承业先生撰写《蓝文徵先生的学业与道业》等。

道统者,则为在清华大学国学研究院的四年"。①

蓝文徵在国学院先是受梁启超先生的指导,后又得陈寅恪先生亲授学业,因此他的学术研究深受二位先生的影响。诚如汤承业所言,"在清华研究院的诸位大师中",影响蓝文徵最深的,则为梁先生与陈先生,而蓝文徵的"气度与风格,亦颇似梁先生与陈先生"②。蓝文徵先生在东海大学历史系任教之时,开设了四门课程:中国上古史、魏晋南北朝史、隋唐五代史和史学史。上古史,反映了他对王国维先生学术研究的学习和向往,中古史研究则反映了陈寅恪先生的治学门径,而史学史则直接承继梁启超先生的治学思想。

就现有材料来看,蓝文徵先生在国学院的时候,主要研究了柳宗元等唐代思想家。蓝家后人今天仍保存有蓝文徵先生在国学院的作业,题目就是《柳宗元学术》,并有梁启超先生的评语。该文分为前编、本编和后编三部分。前编主要考证柳宗元的家世、师承、学侣、时代背景和环境等问题。本编集中在柳宗元的学术上,分为六章,考察其经学、辨诸子、史学、文学观、佛学和政治等学术探究和思想。后编作为补充,探讨柳学对于后世的影响。梁启超先生评点说:

> 中唐达士,韩柳并名,历宋元明以迄于清中叶,尸祝昌黎者世不绝,柳为所揜久矣。即以文艺论,多以为柳散文与诗,皆在韩上。至于思想之健实博大,柳益非韩所能望矣。近代推崇河东之言论,虽往往见诸学界,然为系统的叙述注论,能举其学术全部、疏通□为精者,尚无一个。此书实空前,并作为中古学术史中,最要之一部分也。③

可见,蓝文徵所作,颇得梁启超先生的赏识。而当年在清华园问学于陈寅恪先生的往事,在此后很长一段时间内,蓝文徵都记忆犹新:"每

---

① 《蓝文徵先生的学业与道业》,第173页。
② 《蓝文徵先生的学业与道业》,第177页。
③ 蓝文徵《柳宗元学术》作业手稿后的梁氏点评。

到他家，身上总带几本小册，佣人送上茶果，有时先生也叫我们喝葡萄酒，我们便问其来历……这些话我们都记在小册子里，日久之后积了不少。"①

清华国学院师友切磋问学和舞雩之乐成为蓝文徵青年时代最珍贵的回忆。1929年，清华大学决定停办国学研究院，蓝文徵曾和同学奔走呼吁，希望能够维持办学。此后的岁月中，蓝文徵时常怀想那段已隔岸斑驳的时光，并讲予学生和朋友分享。陈哲三说自己"受学有年"，"幸得时时闻道前辈学者的行谊风范"②，而汤承业也回忆说蓝先生"暇时所最荣道者"，是有关梁、陈二先生的"高风景行"。汤承业转述蓝先生对两位老师讲课情景的回忆，云：

> 梁先生虽重考据，但尤重义理，其上课时，则思潮泛腾、波澜万状，每每欲止不能，亦欲罢不能。手持一支香烟，竟无暇吸一口，而任其自己燃尽；待老工友为其换点一支，亦因无暇而任其燃尽，往往数支，皆是如此。下课后而超过半小时，乃是常有的事，有时尽多讲一个小时。不但座无虚席，而且绝无退席者。最烦心者，即是为梁先生排课的先生，因为各大学教授都要求旁听，而希望其时间能够不冲突，其联络与调度，往往迁延许久而不得其决。每聆梁先生授课后，虽然收获特重，但心情却特感轻松。③

> 陈先生授课的特点之一，即为听课人数特少，有时少到只有一二人，此时陈先生讲得更专心、更开心。因为陈先生固重义理，但尤重考据；遇有知音人，当然更专心、更开心。④

概括而言，"梁先生乃宏音感人，陈先生则细语扣心，前者为灌溉，

---

① 《追忆陈寅恪》，第85页。
② 《追忆陈寅恪》，第84页。
③ 《蓝文徵先生的学业与道业》，第177页。
④ 《蓝文徵先生的学业与道业》，第177页。

后者为滋润"。据汤承业说,蓝文徵先生的讲课风格,则在二位先生之间,"既不似梁先生的高潮迭起,亦不似陈先生的伏流潜行,端庄温雅,娓娓道来"①,刚好能让学生们感觉到两位导师的优点与特点。

多年后,蓝先生在撰写《清华大学国学研究院始末》时,仍感慨"诸位大师的教泽清芬,却永印于同学的心版",原因之一就是国学院当时的"研究的特点"——"治学与做人并重,各位先生传业态度的庄严恳挚,诸同学问道心志的诚敬殷切",以致有鹅湖、鹿洞遗风。在此风气下,师生之间,其乐融融,"每当春秋佳日,随侍诸师,徜徉湖山,俯仰吟啸,无限春风舞雩之乐",同窗之间,关系融洽,能够以求学问道为志业,"院中都以学问道义相期,故而师兄弟之间,恩若骨肉,同门之谊,亲如手足","皆酷爱中国历史文化,视同性命"。②

这种追思,不仅是对师友问学的感怀,也体现着蓝先生对于学术的尊崇。凡蓝先生任教之所,都无一例外地希望学生传承几位先生的学术。晚年在东海大学执教时,仍然不忘提醒学生,承续国学院的学术薪火,在给东海大学历史系陈锦忠教授的书信中更专门提出盼望学生能承继梁、王、陈三位先生的学术事业,并详细指点阅读有关他们生平事迹的书籍文献。

三

据汤承业回忆,蓝先生深知"学以为己"和"述而不作"之义,所以发表的文章不多,却字字珠玑、句句璎珞,读之畅心益志,弥觉珍贵。蓝先生要求学生"多读书,少写稿",因为"撰稿须组织文字,修饰辞藻,既耗时间,又费精力"。他推崇朱舜水所言"大凡作文须根本六经,佐以子史,而润泽之以古文,内既充溢,则下笔自然凑泊,不期文而自文",

---

① 《蓝文徵先生的学业与道业》,第177页。
② 蓝文徵:《清华大学国学研究院始末》,见夏晓虹、吴令华编:《清华同学与学术薪传》,北京:生活·读书·新知三联书店,1999年,第390页。

认为治学之要，必须于"读史"之外，尤须"通经"，若只读史而不通经，则学无根基，并非实学，盖古之贤者，唯其通经，故能达变。因此，当他七十五岁时，学生们张罗为他编刊纪念文集，他就严辞谢绝，认为"读书人不能染俗"。此外，蓝先生还常常"教人多读学报中的名家之作，盖名家不发空言"。①

当然，蓝先生并非完全没有著作，而是将著作之事看得十分慎重。徐复观曾称赞蓝先生是"专心作学问，且有成就，有著作的人"。②就现有文献来看，蓝先生著有《中国通史治要》、《中国通史》(上卷)、《隋唐五代史》、《魏晋南北朝史》、《西安》等。

其中，《中国通史》是他一生史学研究的第一部刊行的专著，也是其学术研究的纲领，体现了他对梁启超先生文化史研究构想的继承。1932年，林志钧在编辑《饮冰室合集》时撰序指出，梁启超一生"数变"，"欧战后游历各国，归乃一转而为讲学生活，遂以是终其身"。③又说："指任公者，则知其为学虽数变，而固有其坚密自守者，在即百变不离于史。"④综观"戊戌变法"失败后的梁启超，从1901年9月始，在《清议报》上陆续刊发《中国历史叙论》⑤，到他在清华国学院的讲座《中国历史研究法(续编)》，其间延续25年以上，关注莫不和历史研究有关。梁启超在清华教授史学的一个重要原因，就是自己有编纂"新"的中国通史的愿望，并想借此培养后备人才以完成庞大的事业，而他有关"中国史"编写的内容和方法的讲授，就是为了日后能有令人满意的中国通史出现。梁启超在1927年6月末与同学游览北海时候的讲话中也提到自己作中国史的志愿，并希望同学能参与。⑥姜亮夫等回忆清华国学院时，特别提到"新

---

① 《蓝文徵先生的学业与道业》，第179页。
② 徐复观:《悼蓝孟博先生》，《中华杂志》1965年3月号。
③ 林志钧:《饮冰室合集·序》，《饮冰室合集》，北京:中华书局，1989年，第1页。
④ 《饮冰室合集·序》，《饮冰室合集》，第3页。
⑤ 作当始于1899年。
⑥ 丁文江、赵丰田编:《梁任公先生年谱长编》，北京:中华书局，2010年，第610页。

会之史学"①，可见对学生的影响也比较深。梁启超所教过的清华国学院学生中，日后计划从事中国史研究的人数自是不少，某些人还具开拓之功，如卫聚贤《历史统计学》、杨鸿烈《中国法制史》等。因此，笔者认为，要研究清华国学院学生的学术思想和成就，就必须考察梁启超在国学院讲授的历史学课程。

蓝文徵的《中国通史》之前，实有《中国通史治要》一书，为执教东北大学所编教材，曾经以石印线装形式流传，然具体刊行时间待考。②该书内容较为简略，颇似一部纲要，如第一部分为"秦汉史要略"，然而基本内容和体例为《中国通史》继承。

《中国通史》分上、下两册，于1942年7月，由贵阳文通书局刊行，共346页。③该书也是作者在战时艰难环境下撰写而成，曾遭"贵阳大火"的肆虐，初稿焚毁。后来，终凭蓝先生精纯的学力完成上册，论述中国"历代民族融合、地理沿革、政治演进、社会变迁等因素，所影响国计民生之真相，以剖述历代之时势与国运"。④据《民国出版目录》，该书收入萧一山主编的"大学丛书"和"经世社丛书"中，"记述上古至秦汉历史，共16章。每一时代均分：纪事、政治、社会、文化等节"。⑤

从该书"叙例"来看，蓝先生曾有一个庞大的编写"中国通史"计划：

> 兹稿系就历代之史局与史实，分六单位以述之：（一）自史前至殷周，（二）秦汉，（三）魏晋南北朝，（四）隋唐五代，（五）宋辽金元，（六）明清及现代。每二单位合为一册。⑥

---

① 姜亮夫：《姜亮夫全集》，卷24，昆明：云南人民出版社，2002年，第217页。
② 今中国人民大学图书馆有藏。
③ 该书中国科学院图书馆、上海图书馆、贵州省图书馆等单位有藏。
④ 《蓝文徵先生的学业与道业》，第181页。案：由于《中国通史》目前存世较少，更由于海峡阻隔，汤承业先生未能见到该书，此处只是从其师兄处听来。所以，具体的内容，还是当以《中国通史·叙例》为准。
⑤ 北京图书馆编：《民国时期总书目（历史·传记·考古·地理）》，北京：北京图书馆出版社，1994年，第81页。
⑥ 蓝文徵：《中国通史·叙例》，《中国通史》，贵阳：文通书局，1942年，第1页。

这也就是蓝先生一生史学研究的纲领，其《魏晋南北朝史》（书稿）和《隋唐五代史》，正是这个纲领下的著作。为了实现这个远大抱负，作者制订了具体的编写计划，"叙例"又言：

> 自两周以下，每一单位，区为五编：（一）纪事编：述朝代之兴亡，民族之融合，疆域之伸缩，重要之建设及内外征战等画期大事。（二）政治编：纪政法思想之演进，治道之得失及职官，法律，学校，诠选，军卫等制度。（三）经济编：载经济之思想与制度，人口与土地，财政与货币，赋税与徭役，交通与都市，以及农工商业等之状况。（四）社会编：书社会之思想，组织，风习，信仰，礼仪，及社会问题等事。（五）文化编：详学术思想，文学，科举，创造，艺术等事。[1]

更为具体而言，该书前两章叙述中国"信史"之前的社会，包括当时大量文化遗址发掘中所证实的原始文化。接下来的四章，叙述"信史"开始的朝代——"殷"，尤其根据大量甲骨文考释成果，考核殷代的"要略"及"文化"状况。周代的政治、纪事、经济、社会、学术思想五个方面的问题，分别各用一章的篇幅来叙述。从第十二章起，主要叙述秦汉时期的纪事、政治、经济、社会、文化五个方面的历史，尤其关注当时的社会文化状况。

因为该书着眼于中国历史大一统，所以对于中华民族形成过程中的重要史实都比较重视。正是如此，该书对于秦汉，投入了大量笔墨，篇幅基本占到三分之二。在作者看来，"古封建之局，永奠中国长期统一基础，洵国史上最大关键"。[2] 同样出于此考虑，汉武帝的文治武功，也是本章叙述的重点之一。总之，该书的基本思路与后来所著《隋唐五代史》相类，都注重以全局眼光，叙述历史事件的前后因果，往往要言不烦。

赴台后，蓝先生决定修订《中国通史》的上册，并续修通史之下册（由

---

[1] 蓝文徵：《中国通史·叙例》，《中国通史》，贵阳：文通书局，1942年，第1页。
[2] 蓝文徵：《中国通史·叙例》，第139页。

宋到民国），进而理解圣人立言之要。寒来暑往，数易其稿，上册未能很快修订再版，而下册亦迟迟未完稿，是学术界的一大遗憾，萧一山先生曾感叹道："虽有完成《中国通史》之意，而天不假年，惜哉！"①

四

《隋唐五代史》无疑是蓝先生最为精心的著作。该书于1945年由商务印书馆刊行，系国人较早所著的此段时期的通史专书，实为蓝先生多年积累经营而成，深受陈寅恪先生学术思想的影响。

他之所以选定隋唐五代史为突破点，在"隋唐史期而痛下工夫"，以此研究中国古代史，实因该史期为国史中的关键时代，盖其既可上绾古代，又可下系近代。② 他曾经说："中国之统一，在殷周已具雏形；至秦汉益备规模，惟其基础之奠定，实质之完成，确由于隋唐两代。"③

> 隋唐混一区夏，举其全力，从事统一建设。交通则凿山开道，穿河通航，南北分裂之地势，遂联贯为一矣；民族则华戎共轨，胡越一家，夏族因诸蕃之归化，而血液益新矣；政治则中央集权，内重外轻，远陬遐荒，靡不统摄矣；食货则控驭全国资源，发展海陆贸易，经济上之向心力，益加强固矣。举凡国史上之诸种分裂因素，悉已蠲除，统一之基础，乃大贞定；统一之实质，彻底完成。④

隋唐于国史上，诚一最光明最荣盛之时代，因为就"史局"而言，长期统一，继往开来；就"疆域"而言，版图宽广，四方率服；就"国势"而言，民阜物丰，海内晏如；就"文化"而言，学术发达，兼综南北，宗

---

① 萧一山：《蓝孟博先生碑文》，见《萧一山先生文集》，台北：经世书局，1979年，第580页。
② 《蓝文徵先生的学业与道业》，第179页。
③ 蓝文徵：《隋唐五代史》（上），商务印书馆，1945年，第1页。
④ 《隋唐五代史》（上），第1页。

教思想蔚然，文物遗产繁盛。①因此，"自唐宋迄今，千有余年，除数度短期纷乱外，余皆为长期统一之局，故隋唐两代，洵国史上最重要之关键"。②此外，着眼于中华民族的形成和演变，蓝先生认为，"五代十国者，亦国史上不可缺少之一环"③，此时"华族"最能吸取各民族之文化而发展自己的文化。

《隋唐五代史》原计划分为上、下两册，最后只出版了上册，主要内容是"由民族融合与地理结构以剖析隋唐五代之兴衰大势与大事"，由五章组成。第一章"总叙"，概括交代隋唐五代的年历、地理及民族情况，为全书之纲维。所谓"年历"，概述隋唐及五代十国等各个朝代的起讫时间及皇位传承情况，并概述突厥、回纥、渤海、契丹、朝鲜、吐谷浑、党项、吐蕃、南诏等"边裔部族之兴亡"，以见"八纮共轨、四海同风"的历史趋势。接着，介绍本时段中的地势、疆域，在作者看来，"地理史观虽弗足全信"，却是"历史之一重要因素"，决定唐五代史局的独特性。④诸如都城选址长安的利弊，州县数量、人户分布、国防建设等，都能影响到整个隋唐历史的走向。本章最详细者，是有关隋唐五代之民族，因为：

> 吾国在春秋战国时代，杂居内地之夷、蛮、戎诸族，尽被诸夏所同化，结为一种新民族，肇成秦汉之宏规，是为华族初度大融合，历年既久，血液渐陈，文化停滞，武力衰微。永嘉以还，塞外之匈奴、羯、鲜卑、氐、羌诸族，纷入中原，经二百余年之接触摩荡，界限渐泯，血统渐混，酿为一种新民族，铸成隋唐之隆盛，是为华族再度大融合，其族系之繁，数量之巨，区域之广，血液之赜，远非前度所能及；隋唐时代之中华民族，既为晋（北）魏以来华戎混合之结晶，故其品质英拔，同化力强，宛如吸引诸蕃之磁石，熔铸异族之

---

① 《隋唐五代史》（上），第1-2页。
② 《隋唐五代史》（上），第1页。
③ 《隋唐五代史》（上），第2页。
④ 《隋唐五代史》（上），第10页。

洪炉。①

于是，这部分文字，条列北方之突厥、铁勒、回纥、奚、契丹，西方之西域、沙陀、党项、吐蕃、波斯、印度，东方之渤海、高丽、新罗、百济、日本，南方之南诏和南海等国族，概述他们"构成之由来，及其新增之分子，同化之原委"，尤其是"华化"情况，即"或慕义内附，或率部来降，或集团入徙，或被掳归化，解辫发为冠带，易蕃性为华心"。②作者认为，晋（北）魏以后，汉族与进入中原的民族血胤融合，"凝结为一种新民族"，成为隋唐帝国之主要成分，为此时历史活动的主体，诸如杨李皇室、王公大臣、著名人物，都与蕃族有着紧密联系。③降及五代，北族与夏族，融合既久，迹殊难寻。④其中，本节对突厥、吐蕃、昭武、南海等民族和国家的内附与华化的叙述，较为提纲挈领，常有新见。

第二章"隋史纪事"，概述隋代的兴起、文治、武功与衰亡。及至周末，鲜卑化于汉，渐就文弱，而汉人则染习塞外刚劲之气，转形武勇，而朝中政治权力渐移与汉人，加之长期纷争，人民渴望安定统一，于是隋应运代周，进而一统平定江南之陈，结束自永嘉之乱以来的三百年南北分峙格局，维持文化的统一与传承。为了维护统治，打破南北横断之地形，便利物资流动，遂开广通、通济、江南、永济等渠，并增置官仓积谷"以裕国用"，创义仓以赈灾济饥。同时，为了巩固边疆，兴兵对外，"耀兵遐荒，交通绝域"，服突厥、平吐浑、破契丹、讨林邑、伐流求，同域外，征高丽，声威远播。只是，连年征战与建设不断，导致赋役繁重，民不聊生，盗贼盛行，国家岌岌可危。加之，文帝"易储之失"，废皇太子勇，立好大喜功之隋炀，穷侈极虐，不恤民命，导致"政刑失当"，政刑弛紊，纲纪败坏，人心涣散。于是，饥馑流离为诱因，遂天下大乱，隋代三十八年统治，瞬间土崩瓦解。

---

① 《隋唐五代史》（上），第21页。
② 《隋唐五代史》（上），第21-22页。
③ 《隋唐五代史》（上），第24页。
④ 《隋唐五代史》（上），第30页。

第三、四章为"唐史纪事",叙述唐代的兴衰历程。隋末,各地诸盗渠帅蜂拥,割据自雄,幸得李渊削平大难,寰宇复归统一。继而平靖内难,太宗登基,励精图治,立纲陈纪,"知人善任","孜孜求治",用兵边野,辟土服远,遂迎来贞观之治。传至高宗,用贤求治,拓土益广,颇有可观,后因制于悍妇,委以政事,遂有武周之祸,几乎鼎革。至于玄宗李隆基,英断非常,勤政任贤,"承平日久,财货山积",百姓乐业。然玄宗"御宇既久,侈心渐生,流于怠荒"①,宠爱玉环,用杨国忠等佞臣,加之"军政失措"②,勤于远略,外重内轻,中央军少,演化到军阀竞争冲突,遂有安禄山举兵为乱,"斫断国本",遗祸无穷。虽然肃宗重整山河,中兴李唐,但安史之乱后,国运日蹇,外有方镇割据,渐至于乱,内有宦官专政,祸乱宫闱,汩没朝经,甚至"威权出人君之右"。于是,"外患内难,荐臻迭乘,唐遂不得不亡"。③本章对于太宗"平定东国""方镇之祸""唐末乱亡"等史实的叙述,较为详尽。

第五章为"五代纪事",概述五代十国的重要史实。本章以梁、唐、晋、汉、周为传统所系,叙述其政权递嬗。然五代之间,契丹政权扮演重要角色,有李克用、石敬瑭等借契丹兵以残中原,且"沙陀族之唐、晋、汉三氏"皆完全华化而自视为"中国人",于是蓝先生专述"汉辽之同化"。④又依次概述吴、南唐、前蜀、后蜀、南汉、楚、吴越、闽、南平、北汉等十国其兴亡之史,综观"五代十国之际,宇内瓜分,率土云扰,生民之苦极也"。⑤

《隋唐五代史》下册,据汤承业先生回忆,主要论述这段时期的学术思想与政治制度,"详述隋唐学术思想之融通性,与政治制度之优越性;亦可以说上册为动态史面,下册为静态史面;上册为有形的形而下史观,

---

① 《隋唐五代史》(上),第136页。
② 《隋唐五代史》(上),第139页。
③ 《隋唐五代史》(上),第157页。
④ 《隋唐五代史》(上),第166页。
⑤ 《隋唐五代史》(上),第174页。

下册为无形的形而上史观"①，并认为"下册较之上册，其用心尤精，贡献尤大"②，遗憾的是，这部分手稿，在送往商务印书馆出版待刊之时，于战乱之中被遗失。如今，只能通过蓝先生朋友和学生根据他的讲述了解一鳞半爪。

20世纪的前半叶，国内有关隋唐五代时期的专书并不多，专题研究者有陈寅恪先生《隋唐制度渊源略论稿》（北京：生活·读书·新知三联书店，1954年）和《唐代政治史述论稿》（北京：生活·读书·新知三联书店，1954年）等。蓝先生的《隋唐五代史》，作为"部定大学用书"，为第一部国人所写该时段的通史。在这个意义上说，具有重要的地位。蓝先生放眼中华民族的历史长河，在通史中选择中间部分展开叙述，就是要把握近世乃至今世文化的渊源，他对于隋唐五代民族关系的关注，至今仍具有启发意义，也是把握此段史实的重要切入点。

如果我们考察蓝先生的学术渊源，就可以看到，蓝先生对于梁启超、陈寅恪两位先生学术思想的继承和发挥，其字里行间透出对民族文化及古代历史的关怀。这正是继承梁启超先生当年教学特点的具体反映。陈寅恪先生因为在国学院后期一人独挑大梁，加之边疆史地资料难得，开始转向中古史研究，在给学生教授梵文文法的同时，传授一些西域与中国关系之类的观念，更传递历史研究重视求证语言等材料的研究方法。后来，陈先生更是推出自己有关隋唐历史的研究著作，实践自己的历史观念。这些，都被蓝文徵先生所吸收和借鉴。

首先，陈寅恪先生指出隋唐制度虽然极广博纷杂，但是不出三源：一曰（北）魏、（北）齐，二曰梁、陈，三曰（西）魏、周。第三源者，远不如其他二源之重要，但后世史家认为完全承继（西）魏、周之以业，不能"辨析名实真伪"。③ 陈氏还对儒家思想在六朝隋唐时期的渊源流变，

---

① 《蓝文徵先生的学业与道业》，第180页。
② 《蓝文徵先生的学业与道业》，第180页。
③ 陈寅恪：《隋唐制度渊源述论稿》，北京：生活·读书·新知三联书店，2001年，第3-4页。

特别是与法家、道家、释家思想的整合过程，进行了深入探讨。蓝文徵在"总叙"中追溯隋唐政治制度的渊源和特征，实是对陈寅恪先生三渊源说的继承。

其次，对于隋唐文化的发展与民族融合关系的认识，也是继承自陈寅恪先生。吴宓曾叙述说："寅恪尝谓唐代以异族入主中原，以新兴之精神，强健活泼之血脉，注入于久远而陈腐之文化，故其结果灿烂辉煌，有欧洲骑士文学之盛况。而唐代文学特富想象，亦由于此云尔。"① 蓝文徵对于该时段民族关系的叙述，也正是出于此关怀，所以民族问题成为全书主要关注点。

最后，从《隋唐五代史》上册的编写体例来看，也与陈寅恪先生《隋唐制度渊源略论稿》有着相同的考虑。陈先生在叙论中说："首章备致详悉，后章则多所阙略。"② 而蓝文徵的这本著作，同样具有这样的特色，第一章较为详尽，尤其是对于周边民族的"华化"作了超越正文篇幅的概述，提供整个隋唐五代史的民族、文化和政权的大背景。

五

蓝文徵先生出版的第四部著作，是1957年台北正中书局推出的《西安》一书。③ 该书是蓝先生研究唐代历史的一种合理延续，因而对于唐代都城的体认，也成了本书的重要内容。加之，蓝先生曾在陕西工作，两次身处西安，有着亲身经历，故而在海峡对岸，会有一种怀念。该书

---

① 蒋天枢：《陈寅恪先生编年事辑》(增订本)，上海：上海古籍出版社，1997年，第75页。
② 《隋唐制度渊源述略稿》，第5页。
③ 据1946年5月胜利出版公司印行的潘公展、印维廉主编的"中国历代名贤故事集"的第三辑"学术先进"《屈原》《章炳麟》二书封底内页所附书目，第二辑"历代贤豪"中有蓝文徵《武则天》一书。然胜利出版公司1944年5月刊行的第二辑"历代贤能豪"有祝秀侠《诸葛亮》一书，封底内页所附"中国历代名贤故事集"的目录中，无蓝文徵《武则天》。笔者多方查找未能获睹，该书恐怕最终没有编成出版。

的主要内容是"缀述西安史迹名胜,兼及其历代兴亡治乱的关系"。[1]西安在中国古史上地位重要,周围的形势,加之"关陇本位",更加重了西安的重要性。他说:

> 国史上自战国至宋代,都将华山或函谷关以东大河南北诸地,称为山东或关东;其西之秦陇诸地,概称为陕西或关西,又以秦地处四关(函谷、武关、散关、萧关)之中,也称为关中。关中形势:东接黄河,南据秦岭,西抵坂,北倚横、梁二山。山河环于外,泾、渭流于内,沃野千里,古称天府之国。[2]

在如此险要之地建都立国,自能"左制东夏,南控巴蜀,使对于中央,咸生向心力焉"[3],即使在今天仍具有重要的交通和战略地位:

> 自五代迄今,千余年间,海内地势,逐渐东移,关中虽固,已无补海上风云,西北时代,早成过去。但历代对西北的重轻,也常关天下大计。今日世界,已届空运时代,如发展亚欧空运交通,西安的地位,将再度重要。[4]

概述了西安与中国历史治乱兴亡之间的联系之后,该书介绍了西安的历史名胜。

蓝先生之所以选择西安进行介绍,其中重要的原因是"在我国旧京中,惟西安独具辉煌的历史与特殊的地位":

> 一、西安外围,山河四塞,形势险固,周、秦、汉、隋、唐皆用之取天下,给国史写下了西北的时代;二、作首都的时间最悠久,在五代以前,曾数度为全国增值经济文化中心,

---

[1] 蓝文徵:《西安》,台北:正中书局,1957年,第3页。
[2] 《西安》,第3页。
[3] 《隋唐五代史》(上编),第10页。
[4] 《西安》,第2-3页。

她的光辉,照亮了整个东亚;三、史迹最多,足以象征中华民族精神,今人看了油然"发思古之幽情",激起民族自觉心,加强复兴自信力;四、古物最丰,到处都是,充分反映出古代社会生活实况,为崇高的中国文化作真凭实据。①

蓝先生认为西安在中国文化史上具有重要且不可替代的地位,"一进潼关,就像走入一所巨大的历史文物院,也像置身民族精神教育馆",他撰写这本书的真正动机是让人们看到中国历史的久远辉煌与"传统精神"的博大精深。

全书主体是按照时代先后,依次介绍由周迄近代有关西安的历史事实。通过阅读,我们可以知道周代如何开发渭水流域积累财力军力,进而取代暴虐的商纣而王天下,也可看到秦人逐渐东进,建设关中,一统六国,定都咸阳,留下秦陵等文化古迹。该书对于唐代情况交代较详,除了叙述唐代继承隋代大力建设之成果,推行"关中本位政策",进而影响到府兵分配、州县等第、交通开发、水利建设、对外关系、马政后勤、屯田置防等大政方针的制定执行,也迎来长安在安史之乱前的空前繁荣,还附上图例依次详叙唐代长安城市布局和诸多的文化遗迹。文化博物馆的大门向读者洞开,一座座的文化遗迹展示了唐代新鲜健康的文化风貌,以及传统文化的强大创造力,民族精神自然流溢于字里行间。

上述四部著作代表了蓝先生的治学取向,即将研究对象放在国家兴亡和民族融合的大背景下,通过对通史的追索,探寻历史动力,尤其是探究那些处于转换之间的重要史实。精研隋唐五代史,对中国上承秦汉下开宋元的这段历史展开探究的动因,在于借此寻找全面把握中国历史变迁之机要,发掘民族精神的渊源与特色。

此外,蓝先生尚有未出版及未成之著作。对此,汤承业的纪念文章,有详细概括,现转述如下,以窥全貌:

---

① 《西安》,第1页。

蓝师未成之著作，尚有《魏晋南北朝史》，多年前已与"国立"编译馆订约，据闻此书之上册已草成初稿，其下册正在撰写中。案蓝师由东海大学请退下山后，本拟完成魏晋南北朝史后，再撰写隋唐五代史的下册；进而重修与续修中国通史。岂料退休回家后，"心脏旧疾发作，稍一伏案，辄感胸部紧迫，呼吸急促，致不敢久坐"（蓝先生致栗先生函，载《东北文献》六卷四期）。以致其血液达到"从心所欲"的最高化境时，竟然不敢"伏案"与"久坐"。……我在东海大学历史研究所修过蓝师所授"中国史部目录学"、"中国历代史籍要目评介"与"魏晋南北朝史研究"、"隋唐五代史研究"等课；深知蓝师对撰写魏晋南北朝史所用的典籍与所下的功力，皆有过于隋唐五代史，且后者为中年时所写，前者为晚年时所写，阅历增进，境界自必提高。为其徒而撰此文者，自当早与朱际镒、郑钦仁学长以及蔡学海、蔡美康诸学弟等（案此数位同门兄弟皆为从蓝师学魏晋南北朝史者），集会商量整理史稿，俾早日出版问世，以告慰先师在天之灵，以贡献于学术文化。[①]

遗憾的是，迄今未见有蓝先生的文集编著出版，有些手稿和资料，因为人事变动，诸如《魏晋南北朝史》等著作文稿，已经不可找寻。

六

蓝先生一生谨慎立言，珍视学术文字，如他在清华国学院时期，经梁启超、陈寅恪二位先生的指导而完成的作业《〈逸周书·谥法解〉疏证》，直到1931年方才刊发于《重华》1卷11期，而《〈汉书·西域传〉之研究》则等到1935年才刊发于《史观》第8期。而前文提及，他在清华国学院

[①]《蓝文徵先生的学业与道业》，第182页。

受到梁启超先生赞扬的柳宗元研究，最终也未见公开发表。① 正是这种对于学问的审慎态度，蓝先生留下的专著只有上述四种，余下的则是一些单篇论文。

这些论文中，最为集中的是有关唐代历史的研究，在某种程度上，反映了他以隋唐五代史为中心的治学取向，如《唐武宗谋夺宦官兵柄考》（重庆《说文月刊》1944年第4卷）、《唐代边疆政策》（台北《中国边疆》第1卷第1期，1954年4月）、《李白的氏族与籍贯》（台北《民主评论》第5卷第13期，1954年7月）、《会昌遗事》（台北《民主评论》1953年第23期）。其中，《唐武宗谋夺宦官兵柄考》与《会昌遗事》，都是论述唐武宗朝长期为人所忽视的史实，即意欲削夺宦官兵权的举措，及其对于晚唐政局的影响。《会昌遗事》虽然短小，但是蓝先生却以整个唐代宦官制度为背景，以为唐武宗为"见到唐代宦官之凶暴"最多者。于是借用日本留学僧圆仁所记，揭示武宗于会昌四年（844年）曾令两军纳印于中书，谋求除却宦官之祸，可惜最后计划泡汤。从此，宦官团结一致对外，大不同于文宗时代宦官内部尚有争端，离间之计尚能奏效。末了，引陈寅恪先生《唐代政治史述论稿》中篇所论，指出倘研究唐代"官可以先分派系而朝士亦随之有党争，何以旋起族类之自觉合为一片而外朝之党争亦息，则武宗削宦官兵权，实为其最大关键"。②

蓝先生在清华国学院，曾主修中国史学，又曾讲授中国史学史，所以对中国古代历史家有一定研究。今天能见到他对于此方面的研究，是据《范蔚宗的史学》一文。该文对于撰写《后汉书》的范晔的史学，作了较为高屋建瓴的鸟瞰，因为在古代史学家中，范晔是生前受谤、身后被诬、作品被诋的一个例子。范晔修《后汉书》时，因家学渊源，拥有丰富史料，以良史之才，致力撰述，吸收班马优长，而创立新的义例，如为皇后立纪，增设儒林、文苑、列女等列传名目，从而影响后世史家修史立传，以致"诸史相沿，莫能刊削"。叙事方面，因为史实甚高，能

---

① 该文原稿以"清华学校研究院成绩稿纸"誊写，今存于蓝百川女士家。
② 蓝文徵：《会昌遗事》，《民主评论》1953年第23期，第56页。

洞烛当时大势，把握历史变动，更善记他人之所忽。在文笔方面，范晔最娴此道，加之秉笔直书，得实而公正。最后，蓝先生评范晔《后汉书》云："由义例之善，可见其史学之深；由记事之得，可见其史识之高；由文笔之佳，可征其史才之卓；由书法之公，可验其史德之懋；六朝之际，最为良史。"① 因此，他能超越王鸣盛等人，认为范晔史学观念的特色，是倾向伦理史观及文化史观。

蓝先生较为关注的，还有中日关系问题及东北亚政治发展史，如《金源征日考》(《志林》1941年第2期)、《海上的女真》(台北《民主评论》1953年第12期)、《朱舜水之思想》(《东海大学学报》1959年第1期)，前两篇都是对于东北地区的女真，以及日本攻占与侵袭的历史的概述。其中，最为重要者，当为《朱舜水之思想》一文。我们知道，蓝先生曾在日本游学，于是对于朱舜水的关注，也就是对中日关系的一个观照，并试图由此把握中国近代史的发展脉络。因此，文章着眼于朱舜水的思想渊源，认为其学术经史兼修，行为则智勇兼备，并进而论述中日之间的交往，认为"在中日关系史上，有此异人，实三百年来所仅见"。② 朱舜水本名之瑜，字鲁玙，见亡明社稷已不可复，乃于1659年只身前往日本，六年后被日本宰相水户侯源光国迎至武江而师事之。为示尊敬，乃以其乡之舜水，名斋而为号。他眼光远大，胸襟开朗，"以包天下以为量"，认清讲学之重要，"视子弟如家人"，推而广之而能"视中日为一家"③，一生遂"以中国之经史礼乐制度，教诲日本士大夫，开辟日本文明之机，后竟导致明治维新。而其反清之志节，与阐扬礼运大同思想，对清末革命运动，亦不无影响"。④ 概括而言，他"在日讲学，影响最巨者，实在其弘扬儒家政治思想及朱子之史学，使日人精神革新，思想充实，政治目标渐趋一致。孕育滋长，一发为大日本史之编纂，再发为水户藩之改革，终则

---

① 蓝文徵：《范蔚宗的史学》，《民主评论》1953年第4卷第12期，第358页。
② 蓝文徵：《朱舜水之思想》，《东海大学学报》1959年第1卷第1期，第161页。
③《朱舜水之思想》，第150页。
④《朱舜水之思想》，第149页。

导致明治之维新"。①舜水不肯降清,亦嘱咐子孙不能为"虏官",在日本二十余年,始终全发着明衣冠。眼看山河飘摇,朱舜水从小留心经世之学,故从事恢复工作及居日讲学,"皆能措诸实用,毫无空疏之弊"。②蓝先生概括云:

> 舜水学宗程朱,主张居敬、存诚,大抵与程、朱相同。惟特重躬行实践,留心民生日用彝伦之间,则较程、朱为积极。③

他的学术更是"精于名物度数,深于史学,常教人于通经之外,必须读史","崇尚实学,不重文章",为日本正史之开山,更影响日本思想界,进而推动变革强国,及至清末,中国留日学生,受其影响,纷纷踏上革命运动。文章由小及大,在东亚全局眼光下探究朱舜水思想,窥视中日两国国力的变迁,寻找中国文化之博大精深,发明尚实之学术传统的功用。

上述论文篇幅不长、开阖有序,蓝先生宽阔的学术视野和对历史人文的关怀,使他的讨论往往能由小及大,甚至超出中国范围,进而分析中国与周边国家的互动关系等问题。如文中提及朱舜水对明治维新及对晚清革命人士的影响,既反映了中华文明在东亚世界中所扮演的角色,也凸显了周边人民对于华族文化的重要贡献。

七

蓝先生还为自己曾指导的几位学生的著作撰写序言。其中,最多者是为王德毅的著述所作,计有《宋史研究论集》《宋代灾荒的救济政策》《宋史研究论集(第二辑)》《王国维年谱》等书之序。这些序言,在点明

---

① 《朱舜水之思想》,第153页。
② 《朱舜水之思想》,第157页。
③ 《朱舜水之思想》,第159页。

王氏著作优点的同时，表达了自己对于治史学的主要观点。如他序王著《王国维年谱》，首先考察年谱撰写之历史，认为近代人作年谱，"因谱主对于近代之人与事，牵涉广关系多"，"宁失之详，毋失之略"，故丁文江所见梁氏之谱自不必称之"长编"。次言王氏"邃于史学、尤精谱学"，著有李焘父子、李心传、王洪迈、徐梦莘等人为年谱，为"史学方家，殊堪钦重"。其所撰《王国维年谱》，"义例佳，取材博，叙事详明，考订精审，案语平允中肯，多能正赵万里君旧谱之误，而翔实则远过之"。关键是，王谱对于王国维的学术研究，"博征精核，纤悉靡遗"，既可谓"善著述者"，又"具别裁"，足可当"半部中国近代学术史读"。最后，蓝先生云王国维自沉后，同门吴其昌、姚名达，都嫌赵谱"略"，曾欲详述之，然所志俱未实现。王德毅则"力排万难，多方搜求，昕夕研讨，终使文献堪征，宏编克就"，"诚史学界一大快事"，并使蓝先生感觉旧梦重温而"真不知其为怆为慰"。[①] 全序仅千余字，然对于王著之缘起、体例、贡献，俱交代至明，甚得"序言"体例之精妙。

蓝先生还为汤承业著《牛李党考实》（台湾嘉新水泥公司文化基金会，1973年）、李符桐著《回鹘史》（台北文风出版社，1963年）、戴玄之著《义和团研究》（台北，中国学术著作奖助委员会，1963年）等书写过序言。这些序言，同样是在学术史的大背景下，考察著作的学术价值，要言不烦，使读者对所读对象之精要所在一目了然。

蓝先生还留有多篇为他人著作所写序言，俱有可观之文采，亦能显现先生博学深思的一面。如他为韩玉符著《韩玉符骏马集》所作序言，看似随手写来，却是精心构造的佳作。该文首先言马与人类之关系，"马能任重致远，增进人类之福祉；并能冲锋陷阵，影响人类之历史；在未有近代交通工具之前，加速人类之往来，实以马之贡献为最大"。这实际上是为韩氏画马之动机，奠定基本的常识和感情机制。正是如此，人类对于马也有着很深的情感，"重视爱赏、训调、养护、无微不至"，更将它

---

① 蓝文徵：《〈王国维年谱〉序》，见王德毅：《王国维年谱》，台北：台湾商务印书馆，1967年，第1-3页。

赞以诗文，形之美术。遍观历代善画马之人，欲工于绘马，须具四长，要能识马、知马、调马和用马。韩玉符"读五车书，负倚马才，品粹德醇，多艺多能"，酷爱画竹，人皆钦其画竹，殊不知尤擅画马。原来他自少爱马以至成癖，长是"详观勤写"，随着阅历日增，对马"观察愈详""体认愈深"。赴台以后，画马自娱，不模拟古人，不附丽时贤，无门户之限，纯以观察所得，胸罗万马，形诸笔端，自致高妙，成一家法。不唯如此，韩氏还对经籍所载各种马名，"研讨精、考辨详，复证以今之群马，目验神会，悉心写实"，俱能传神写态，处处透露着马之灵性，"愈于九方皋远矣"。再就台北故宫博物院所藏历史上画马巨擘韩干、赵子昂之作相较，韩氏因"久居塞外，阅马多，知马深，取材宏，用心专"，不似韩干之狭、子昂之陋。这都得益于韩氏之浩气壮怀。最后，蓝氏说自己"素来爱马"，虽不画，但喜读，详观遍数愈多，越喜欢"敬慎写实"者，故而推重郎世宁之绘马。近阅韩氏画马集，"铺钦其善于体物象形，据实傅彩，铺叙巧密，用笔雅深，身段匀称，神韵煜耀，处处与郎氏契合"，于是回环翻阅，不忍释手，中心好之。

文章层层递进，密不透风，直至点出主题，将自己看韩氏画集所激起的爱马之心，表露无遗。就文体和内容而看，好似散文，却如数家珍谈论历代画马掌故，显出作者的深厚学养；而作者多年赏画心得，于一篇文章中宣发，故而能见出其艺术修养的高深。最为关键的是，作者对于马的感情，与画家一样，同样有"春秋佳日，驾言出游，登车揽辔，慨然有澄清天下之志"，有了浩然之气方有一泻千里之文势，故能一气呵成、浩浩荡荡。[1]

其实，不仅是序言散文等，上文所提及的学术论著，同样有着相似的文风。如《隋唐五代史》等书，都是用浅近文言写就，旁征博引，读来亲切。综观蓝先生的学术著作，有四个特点较为突出：

一是视野开阔、眼光独到。其实，此一特点，在上文概述其短篇论

---

[1] 蓝文徵：《韩玉符〈骏马集〉序》，《民主宪政》，第47卷第46期，1975年10月，第28-30页。

文中业已指出。唐人刘知幾认为"史家"要具有才、学、识三长，笔者认为蓝先生的著作，在"识"上的突出正是造成其著作读来令人畅快的原因。无论是大部头的专书，如《中国通史》《隋唐五代史》和《西安》等，还是短篇论文如《会昌遗事》《朱舜水之思想》《范蔚宗的史学》等，以及序跋等应用性短文，我们基本都能看到作者将所要书写的对象，放在一个广阔的地理范围内或置入一个长时段的历史背景中加以考察，让读者将对象看得更为真切。《隋唐五代史》虽然只是"断代史"，实则是《中国通史》大计划中的一部分，在蓝先生的研究中，可见此时段与汉魏以还的历史演进过程，尤其是对于制度传递、民族融合、地理开发等问题所给予的观照，凸显出隋唐五代在中国历史上的重要地位，以引起读者对于这段历史的重视。令人印象深刻的是，本书绪论部分对于周围民族与华夏关系的考述，既能解释隋唐帝国内部政权消长的部分外因，也点明了帝国在整个东亚世界的地位和影响。这些特点，恰好是对清华国学院梁、陈二位先生治史精髓的继承发扬。

二是言之有据、持论谨慎。史学家最为关键的素养，应该是具有"求真"精神。蓝先生的著述以此为特色，无论其专著，还是单篇论文，均依据材料说话。他在《中国通史·叙例》中，曾明确言自己"不骛新炫异，不穿凿傅会，以蕲符历史之真"，以致"载笔虽重通识，但为征实，亦不废考证"。[①] 在《隋唐五代史》中，他借用了大量国外旅唐人士记录的材料与中国原来的历史文献相参核，从而考察出诸多的历史事件。甚至连《西安》——介绍西安历史文化——这样具有"通俗读物"特征的著作，其中也同样大量对比历史文献与出土文物，进而建构出一个真实可信的历史文化博物馆。"求真"精神，也体现在《会昌遗事》等文中，如果没有入唐日僧圆仁的记述，蓝先生就不能对于唐武宗试图削夺宦官手中兵权之事进行考述。蓝先生对于史料的重视，在汤承业的记述中得到反映，他曾要求撰写博士论文的学生"应多集资料，多举证据，指出关键所在，阐明因果关系，理由要充实，文辞要周延，方能站得住脚"，要"有一分

[①]《中国通史·叙例》，第2页。

材料作一分文字，得确实证据再下结论"。① 蓝先生提醒学生，在收集材料的时候，要考察材料的来源，如对于两《唐书》与《通鉴》中的材料就须核实明白方能引用。有了材料和证据，蓝先生还强调，理论还要平实中正（对此下文会有涉及）。

三是要言不烦、文采可观。蓝先生的著述，几乎都用文言写就，但是读来却不是佶屈聱牙，反是平实充沛。上文已经提及，蓝先生无论是短篇的序跋，还是单篇论文，甚或长篇专著，行文都较为稳健，或以时代先后言，或以地理分布方位说，或以思想历程言，都能有条不紊、不枝不蔓。据汤承业记录蓝文徵先生指导他博士论文撰写的经过可知，蓝先生尤为注重行文的语言风格、篇章布局等，认为"（一）、文体务要清纯一致，除引书是文言外，自己行文万不可文言语体相间。（二）、用字铸词，宜选熟习通常者用之，生硬费解而牵强者总宜避免。（三）、立论贵平实，不可偏激"。② 在谋篇布局方面，蓝先生也要精心经营，使文章读来气势流畅。他认为文章引言要做到"开宗明义，理论要周延，事证要充实，文字要精采生动，使人一见即有好印象"，结语则"只就各章研究的结果，分项分目一一列出，文字宜简炼有利，观点宜中正，理论宜充实，使人驳不倒，方能站得住"。③ 正是这样，当我们阅读蓝先生论文之时，自能从一开头就被吸引，及末却能回味悠长，也正是蓝先生文字凝练有力、结构匠心独运、行文又能平实亲切的魅力所在。

四是聚焦文化、凸显统一。刘勰曾言："心生而言立，言立而文明。"蓝先生的著作之心，虽非刘勰所言"天地之心"，却也是中国文化和精神之"心"。正是此心，方能打动读者的阅读，方才维持其一贯的研究方向。作为史学家自然需要"求真"，可蓝先生从不讳言，自己撰写历史著作的倾向，要作"综合的文化史观（不囿于任何偏曲之史观），为平正求是只

---

① 《蓝文徵先生的学业与道业》，第203页。
② 《蓝文徵先生的学业与道业》，第203页。
③ 《蓝文徵先生的学业与道业》，第204页。

叙述","于史局则崇同文共轨之大一统，不与僭伪之割据"。①这样的著作心态，同样贯穿在《隋唐五代史》和《西安》之中，所以他在《隋唐五代史》中强调四边与中央的关系，在《西安》中不断强调其地理优势有利于中国的大一统。

当然，我们也要辩证看待的是，由于时代原因，蓝先生著作的出发点，往往也和他的政治立场有一定关联，如《李自成亡明的策略》(台北《民主评论》第5卷第4期，1954年2月)、《西安》等著作，都烙印着鲜明的时代局限。

八

1923年1月9日，梁启超先生在东大国学研究所作讲演，题目为《治国学的两条道路》，云："我以为研究国学，有两条应走的大路：一、文献的学问。应该用客观的科学方法去研究。二、德行的学问。应该用内省的和躬行的方法去研究。"②在清华国学院的教育思想和活动中，这两条道路无疑得到极好的开展和强调，形成国学院学人的基本学术风貌和人格品行。

据笔者在台湾地区采访所知，蓝先生为人温和，极少动怒，就连平时走路亦从容不迫、不疾不徐。他对于家人、同事、朋友和学生，均能"宽以待人"，"师道特高，根基特深，又极重义气"。③

也许是受梁启超先生影响，蓝文徵先生自日本留学归国，就进入国民党政府教育部工作。他从政的起点，当是抗战期间。先是在内迁至陕西的东北大学任教，后受国民政府委命，出任该校教务长。之后，又曾在东北大学担任文法学院院长。抗日战争胜利，蓝先生随国民政府回到

---

① 《中国通史·叙例》，第2页。
② 梁启超：《治国学的两条道路》，见张品兴主编：《梁启超全集》，北京：北京出版社，1999年，第4067页。
③ 《蓝文徵先生的学业与道业》，第202页。

南京，进入立法院，担任立法委员。直至仙逝，蓝先生都身肩政府职务，为教育事务劳心悄悄。

在台湾地区，蓝先生除处理政务外，仍勤于指导学生，桃李繁茂。作为老朋友，徐复观先生评价蓝文徵先生是"深为学生所敬爱的老师"，因为他"治学缜密，而不务声华；教书认真，而不与他人较短长"。① 他所指导的学生，除了上文已经提及的有专著行世的著名学者外，还有一些有所成就的学人。蓝先生虽然所授课程数量有限，但是似乎并不限制学生的研究方向，所以有治隋唐者，如蓝吉富、汤承业等，有治宋代者，如王德毅等，有治近代者，如戴玄之等。

1966年，严耕望先生指定汤承业将《李德裕研究》作为博士论文题目，经钱穆、萧一山两位先生的提示，乃请蓝先生为指导老师。初始，蓝先生只答应为义务指导。后来，经过再三恳求，才接受聘请。蓝先生"除为评介史料用书与旁征用书外，更于每章论文撰写之前，先与研议，所以则两周通信一次，每月见面一次"。② 在三年多的撰写过程中，蓝先生不仅亲授写作技巧③，要求多集资料、举证据；也提出具体的史料使用要求，如不能取用《通鉴》等文献中的二手材料；还将自己珍藏的读书笔记找出，翻检有关资料，抄写邮寄。另外，还对材料的收集、论文的结构、行文的语言等方面，给予具体入微的指导。三年多时间里，蓝先生始终充满"爱心"，以"耐心"引导学生，谆谆教诲，几乎未有过厉声斥责。写作过程中，对学生的生活起居，同样关怀备至。其间，汤承业因为专心撰写论文，未承担社会职务，加之妻子生养孩子，生活一度窘迫，蓝先生时有周济存慰。如在1970年6月13日，蓝先生就曾写信予汤，说："尊夫人生男抑生女？半月来至为悬念，大札未提及，不胜怅然。兹汇上新台币一千元，薄备令正进补之需。以吾人之风谊，弟应哂纳而勿辞，如

---

① 《蓝文徵先生的学业与道业》，第177页。
② 《蓝文徵先生的学业与道业》，第202页。
③ 见前文所引1969年11月29日致汤承业信。

再客气寄还,则今后兄将无颜见弟矣。"①

经过四年艰辛劳作,1970年4月,汤承业准备参加论文答辩,蓝先生仍于细处多有提醒。他在4月26日写信告诉汤氏:"兄于典试之末,已有多次,仪式庄重,但并不严肃;请于应试前夕理发沐浴,睡眠充足,届时以轻松愉快、雍容大方出之。过关最易,万莫紧张。"②通过口试答辩之后,有师兄邀汤先生谋职行政院,蓝先生则建议先入学校教学,充实之后,再由学界进入政界,并推荐他到一些学校应聘。

据学生回忆,因为蓝先生主张要"以爱心因材施教",在课堂上,从不点名,但是对于学生的姓名和籍贯等情况,都甚为清楚。③讲课之时,蓝先生常常以"标准国语中的古人音韵",背诵古代诗文名篇,结合"标准楷书中的古人书法","感化力更高、带动力更强",让学生感受传统文化的魅力,也能体味学问广博的妙趣。课后,总是温和耐心地回答学生问题,"不管什么事情,总必据事理引史事而为之详分细说,最后则使'解惑'为止"。④因此,汤承业评价说:"蓝师不独将'师道'传授其学生,更将'爱心'传授之,大学长之中,如李符桐兄、李国祁兄、戴玄之兄、王尔敏兄、关逸生、金大成兄、范传培兄、郑钦仁兄等,所领受者自必较作者尤深尤多;而东海大学历史研究之历届毕业同学,对此亦多有较深知领会,所以其共同悼蓝师曰:'视弟子如子弟,擢后进继先进;命脉所系,道统所宗。'又共同挽蓝师曰:'道统道心、惟精惟微,积学清华传学统;仁风仁声、可大可久,育士东海弘士风。'"⑤

在教育学生方面,蓝先生一直鼓励学生能够传承国学院薪火,追随几位导师的学术志业。笔者得陈锦忠先生惠赐,目睹蓝先生与陈先生书信一通,因其能反映蓝先生的教育理念等诸多问题,现全文转引如下:

---

① 《蓝文徵先生的学业与道业》,第202页。
② 《蓝文徵先生的学业与道业》,第205页。
③ 《蓝文徵先生的学业与道业》,第178页。
④ 《蓝文徵先生的学业与道业》,第178页。
⑤ 《蓝文徵先生的学业与道业》,第179页。

锦忠贤弟著席：

奉诵十四日藻翰，敬悉一一，适为教部审查升等论文，未克即复至歉。比庆善弟枉顾，道及诸贤兴居，既获切错之益，且遂长聚之乐，忻然奚似。

请指导教授事，陈盘安先生邃于上古史，尤精春秋战国，若常往修敬请益，终当获其首肯。台大教授中，择一方面略相近，心术纯正，言行无亏者，往从之游。稽上古史官，希于经传、诸子、国语、国策、世本、史记、绎史、图书集成及甲骨金文中，搜出历代史官之职衔姓名及其建言记事，以明其职掌之性质与范围，并统计某朝某王或某国设史之人数。梁任公先生《中国过去之史学界》，郑鹤声《古史官考略》，董作宾谓殷之贞人即史官并从卜辞中统计殷代诸王史官之人数，可供参考。两周金文至伙，翻阅费时，当先就容庚金文编中，摘记史字下铜器名，再检该器之铭文，则省事多矣。

弟等至欲绍梁、王、陈三先生之学而光大之，忝侍三先生门墙而又无能绍述如兄者，自极渴望与感慰。请先读丁在君《梁先生年谱长编》，王德毅《王先生年谱》详于赵谱，俞大维《陈先生》最确实三书，以收知人论世之助。梁先生创通维新风气，为近代学术开山，其论政牗世文字，实近代史最重要资料，第数量繇夥，止能选读。其《历史研究法》《近三百年学术史》及《古书真伪及其年代》，已成学术界之常识，宜细读之。王先生著作，以罗叔言所编《王忠悫公遗书》为最备，其中多篇已成定说，可择要细读，余第识其篇目，备著述时之参考引用。陈先生所作，篇篇发覆甄伪，贯穿古今，数量不及梁、王两先生之多，易于全读。总之，三先生之学，梁先生为伟大工程师，善肇基搭架，其博大不可及；王先生为优秀开矿师，善发掘宝藏，其精神极可佩；陈先生为高明艺术家，化朽腐为神奇，其会通罕有伦比。今三先生俱捐馆，同门诸子，生死莫卜，兄又景迫桑榆，光大三先生之学，非诸贤莫属，愿忞勉以赴。

康乐弟大著，杀青如早，愿得一观，否则，请迳缴所，俟异日再读。

弟等每周何日俱有暇？盼示及，以便约晤。端复，顺颂撰祺并问康乐、庆善、钦国、传熹诸弟近好。

愚兄文徵拜书。
十、二二。

信中充溢着对于国学院梁、王、陈三位老师的景仰和怀念，而对于学生的殷切希望，则又和蔼可亲、循循善诱。时光久远，蓝先生教导学生重视德育，注重学术传承的观念，仍然历历可捉。薪火相传，指向绝远。

治学经世，百炼成钢：杜钢百的学问与人生*

⊙ 付　佳

杜钢百（1903—1983），原名杜文炼，字钢百，以字行，四川广安人。出身优越，少时多习诗词古文，有志于学，先后就读于成都高等师范学校、北京大学国学门、清华国学研究院，还曾拜入经学大师廖平门下，得其亲传。杜钢百一生以教学为主业，曾在武汉大学、中山大学、暨南大学、西南师范学院等多校任职，讲授经学、史学课程，长于先秦经学研究。同时，他多年来投身革命事业，参与爱国民主运动，为党的统战工作贡献良多。

一、求学之路

1903年3月，杜钢百出生于广安县石笋场一户富裕人家。杜家在当地是名门大族，颇有声望。祖父杜太翁是一位饶有田产的地主，又经营

---

* 本文所述杜钢百生平事迹，主要参考了赵彦青《杜钢百传略》(《中国当代社会科学家》第七辑，北京：书目文献出版社，1986年，第216-223页)，刘达灿《"多宝道人"杜钢百》(http://blog.sina.com.cn/s/blog_5e6bc80e0100demm.html)、《"多宝道人"杜钢百（续前）》(http://blog.sina.com.cn/s/blog_5e6bc80e0100demo.html)、《"多宝道人"杜钢百（续前二）》(http://blog.sina.com.cn/s/blog_5e6bc80e0100demr.html)，杜钢百《我在民主革命时期的活动简况》(《四川省统战工作史料》，1985年第3期，第53-55页)等资料。

米粮生意，家境殷实。杜太翁夫妇持家有道，为了壮大家族，维持长远发展，让诸子分别择业，或务农，或经商，或读书入仕，兄弟之间相互补给、帮衬，奉行均衡培养人才的家族发展策略。杜钢百的父亲杜人品选择的是经商之途，事业有成，他这一房不仅资财优渥，且人丁兴旺，有九名子女，杜钢百为其次子。富足的家庭使杜钢百拥有较为优越的成长环境，为他读书求学提供了经济基础。

杜钢百四岁即入私塾，接受启蒙教育，先读《三字经》《百家姓》《千字文》等童蒙识字教材，有了文字基础后，又习"四书""五经"《昭明文选》等，打下了良好的传统旧学根底。幼年的他常跟随家中姑姊在从德女中学习，读新式的商务教科书。大约在1917年，杜钢百十四岁的时候，正式进入县立高小学习。1919年，考入县立广安中学。广安的新式学校是由维新派人士蒲殿俊、胡骏等人倡办的，杜家又与蒲殿俊素有往来，故而杜钢百少时便接触到了维新学说，受到了康有为、梁启超维新思想的影响。后来了解到川籍经学大家廖平是维新思想的先导，正是他的著作启发了康有为，杜钢百便对廖平及其经学研究萌生了兴趣，心向往之。

1920年，还在上中学二年级之时，杜钢百便参加了成都高等师范学校的招生考试并被录取。这次考试对杜钢百来说具有非同寻常的意义，对他之后的人生轨迹产生了重大影响，而参加考试的过程也是一波三折，富有一定的戏剧性。原本他在萌发越级参加考试的想法时，家中长辈便极为反对，而他竟以送兄长赴省城为名，偷偷向账房支取了盘缠，跟随兄长一并到了成都，参加考试并一举得中。放榜之后，他却被同乡名落孙山之人检举，理由是他中学未毕业，冒用别人的毕业证书参加考试。后经成都高师学监王右木查证，发现杜钢百各科成绩都很好，便召他前来问询。他对自己借用别人毕业证之事直认不讳，坦言他在得知有中学毕业文凭比同等学力的人考分要求低时，怕自己考不上，才如此行事。王右木见他态度诚恳，且所考成绩已达到了同等学力考生的考分要求，就决定破例将他录取。由这次特殊的考试，可以看出杜钢百果敢坚决、不拘于俗的行事风格。

135

当年9月，杜钢百正式进入成都高师学习。在这里，遇到了两位对他人生影响至大的人，一位即高师学监王右木，一位是经学大师廖平。先讲他与廖平之关系。在入校后不久，经高师教员谭焖介绍，杜钢百得以谒见钦慕已久的廖平，并被收为入室弟子，一偿夙愿。当时廖平名义上是四川国学专门学校校长，又兼成都高师教授，但因病长期在城南的家中休养。杜钢百除了在高师读书外，常赴廖平家中问学，承他口传面授，先后长达三年之久。廖平先是向他口授了自著《孔经哲学发微》，后又选讲了《今古学考》《知圣篇》《辟刘篇》等代表作，杜钢百逐渐了解廖平经学思想的精要，步入了廖平庞大的学说体系中。在这三年中，他在廖平的指教下，遍读了廖氏所著之书如《四益馆丛书》《六译馆丛书》等，又阅读了不少清人解经之作，学业日益精进，不仅积累了坚实的文献基础，而且掌握了经学研究的门径，确立了以经学为中心的研究旨趣，奠定了治学根基。廖平兼通群经、博学善思的学术特色也为杜钢百所继承。且廖平晚年笃好中医，致力于医学典籍整理与研究，这也开启了杜钢百对中医的兴趣。杜钢百在读书积累中还不断思考探索，开始了选题著述并有所得，写成了《名原考异》与《中庸伪书考》两篇长文。

1924年，他于成都高师毕业后，与同乡一起赴京求学，凭《名原考异》与《中庸伪书考》两篇论文被北京大学国学门录取。次年，因得知新成立的清华学校研究院国学门延请了名师，便转而投考清华，成为清华国学院首届学生，导师为梁启超。在这里，他得到了王国维、梁启超、赵元任等学贯中西的大师的言传身教，学习了"古史新证""说文练习""古金文字""中国通史""方言学""普通语言学"等课程，在廖平学说之外又拓展了新的知识体系，尤其是对以考据、实证为主的史学研究方法，有了新的认识，从而开阔了视野、增长了见识。按照国学研究院规定，学生须选一专门课题为研究对象，在导师指导下，写成论文，考核合格后方能毕业。杜钢百入学时所选题目为"佛家经录之研究"，或许是基于对经学研究的兴趣和学术根基，他最终以"先秦经学微故"为题撰写了论文，通过了毕业审查。除了课程学习，国学院还时常举行讲座，师生之间常常讨论切磋，并一起创办学术杂志。杜钢百与同学刘盼遂、吴其昌等组建了学术团体"实学社"，以"实事求是整理国故"为宗旨，并发行了《实学》杂志，响应其时正盛的整理国故运动。杜钢百所作的《名原考异》《中庸伪书考》两篇文章也被部分节录刊载于《实学》杂志（《名原考异》发表时改名为《名原复音广证》）。不仅在学业上取得进步，初有所成，杜钢百还参与国学院及学校的事务性工作，担任研究生会主席，是学生运动的积极分子。在1926年年初发生的关于清华研究院国学门的存废及宗旨的论争中，研究院部分学生认为时任主任的吴宓不能为学生争取利益，杜钢百和吴其昌作为学生代表，向吴宓递交了要求其辞职的"哀的美敦书"，并致信校长要求辞退吴宓的主任职务，直接导致了吴宓从研究院辞职。他还带着强烈的责任感和使命感，为研究院的前途感到深切的忧虑，对研究院未来发展作了深入的思考，撰写了一篇长文即《北京清华大学研究院国学门发展计划书》，在《清华周刊十五周年纪念增刊》上发表。经过在京的两年学习和历练，杜钢百在学术研究与经世处事上都有提升，渐趋成熟，开始步入独当一面的事业之途。

二、教学生涯

自清华研究院毕业后，教书治学成为杜钢百一生的主业。20世纪三四十年代，由于时势纷乱动荡，知识分子大多难以安守一隅，拥有长期、稳定的职位。自1926年离京回川至1941年落脚重庆，这十五六年间，杜钢百饱经流离，辗转多地，于多所大学中任职。毕业之初，他选择回乡工作，但并未径直赴川，而是绕道上海，去拜访他夙来仰慕的康有为。但此时康有为已前往庐山避暑，他又赶赴庐山，在那里谒见了康有为。两人就经学问题讨论良久，相谈甚欢。9月，他回到成都，在廖平的推荐下，出任了四川省图书馆馆长。值得一提的是，在他的教学生涯中，特别是早期的谋职过程中，廖平的威望和人脉给他带来了极大的助益。1927年，"三三一"惨案发生后，杜钢百由于参与了革命运动，无法在成都立足，逃亡浙江，隐居在杭州西湖边上的广化寺。通过廖平的介绍信，他结识了在杭的国学大师熊十力、马一浮，并深得熊十力赏识，又经由熊十力推荐给了蔡元培。蔡元培时任中华民国大学院院长，将杜钢百聘为大学委员会委员。

1928年，经蔡元培推荐，他前往武汉大学中文系任教，同时兼任武昌文华图书专科学校教授，正式登上了大学讲坛。二十年代，武汉大学中文系名家云集，中西新旧人士各占一席之地，互相争鸣。杜钢百讲授的课程内容是传统的经学，但试图求新求异，而开设了诸如"春秋国际公法"这类甚为新奇的课程。所谓"国际"，指春秋时期征战不休的各诸侯国，"公法"是指汇集商周典制的《尚书》，课程旨在将一些现代观念、术语渗入经书解读，从而开辟经学研习的新路径。据他自己回忆，这门课还颇受学生欢迎。在武汉大学的课程，是他在经学教学上作出的尝试性探索，体现出其年轻气盛、好发奇思的一面。杜钢百在武汉大学任教时间不长，一年之后，他便离校东游日本。在日本期间，他曾与一些日本学者谈经论史，同时搜求了不少文史书籍。翌年回国，先是在上海开了一家名为"草堂书舍"的书店，卖古旧线装书籍，之后受聘于中山大学中文系，赴广州任教。在中山大学期间，他亦以讲授经学为主，开设了群经概论、经学通史、《春秋》研究、《诗经》研究、《论语》研究等课程。在教学过程中，他不断探索传统经学课程应该如何融入与适应现代大学教育，逐渐有了一套成体系的教学思路，对于经学课程设置、经学概念诠释、经学史以及单部经典的研读原则与方法都提出了具体的见解，并发表了论经学教育的专文，如《论大学课程中之经学研究》。大约是在1934年，杜钢百又到上海，任教于上海暨南大学文学院，兼图书馆馆长。他在暨南大学所授仍是经学课程，并编写了《经学通史》《春秋研究》两部教材。任教暨南大学的五六年间，他在学界交游益广，更开阔了视野。1935年，他参加了章太炎在苏州创办的国学讲习会，对与廖平学术思想和路数大相径庭的章氏学说，他也多有接受，这在他的研究中皆有体现。1934年，他还曾给上海圣约翰大学的美籍教授韩玉珊及夫人讲述了康有为与廖平在广州会晤论学始末，由韩玉珊翻译为英文，寄给美国的著名学者约翰·杜威教授。

1937年抗日战争全面爆发后，上海的大学陆续迁往内地，杜钢百仍留沪上，坚守教育阵地。他领导上海大学教职工联合会组织起战时大学，继续为留在上海的学生授课，直到上海租界完全沦陷。之后，他去了香港，在港联合文艺界左翼人士，准备继续创办战时大学，由于他坚持要将学校冠以"抗日"之名，香港总督慑于日本政府压力而未批准。1940年，他由香港回到广安老家，之后便去往重庆，自此结束了经年的辗转漂泊，于渝定居。1940年至1949年，他一直担任四川省教育学院教授，并创办、经营了两所专科学校，即草堂国学专科学校和东方人文学院。草堂国学专科学校（以下简称"草堂国专"），起初由抗战南迁的东北大学教授丁山、高亨、孔德等创议建于四川三台。1944年秋招生甫毕，便由于地方豪绅争权导致学校内部矛盾，孔德在杜钢百支持下，带领部分学生前往重庆，在北碚另成立一所草堂国专，由杜钢百任校长。这所学校具有一定规模，有学生近百人，教师十余人，分文史、文教、文艺、文哲四个专业。除杜钢百主讲经史，还约请了当时在渝的大专院校、国立编辑馆、礼乐馆的教授、学者进行讲演。知名学者马衡、熊十力、顾实、汪东、卢前、傅振伦、殷孟伦、周谷城、陈子展、鲁实先等曾先后在该校讲学、授课。草堂国专曾三迁校址，1946年迁南泉，1947年再迁沙坪坝，至1949年初方停办，共培养学生数百人。杜钢百不仅倾力于教授课程、管理校务，还以个人之力为学校提供资金，据言他曾为了筹措经费而将朋友的地产抵押借款，足见其热衷于教育兴学，心诚志坚。东方人文学院，亦是以教习经史为主，由于缺乏文献记载，具体情况不详。同时，他也一直致力于图书馆的建设，1947年重庆图书馆协会成立，以探讨图书馆学学术、促进图书馆事业的发展为宗旨，吸收了图书馆界80余人为会员，杜钢百任常务理事。

1950年，四川省教育学院与国立女子学院合并为西南师范学院，杜钢百亦随之成为西南师范学院（以下简称"西师"）历史系教授，直至去世。

1949年前杜钢百一直以讲授经学课程为主，而进入西师后，历史形势和社会环境已不允许他再从事经学教学和研究，他只能开设历史方面的普通课程，如中国古代史、中国近代史、中国史学史、中国教育史、历史要籍介绍及选读等。

三、学术研究

杜钢百的学术研究起步于师从廖平之时，研究领域集中在经学。他的经学研究成果是可观的，在二三十年代的教学过程中，先后撰写了《群经概论》《经学通史》《春秋研究》《诗经研究》等讲义性质的著作，以及《孔氏撰春秋异于旧史文体考》《公羊谷梁为卜商或孔商诡传异名考》等论文。时人对他的经学研究也是相当推崇的。1937年，《复兴月刊》举办"经学讲座"专栏，邀请他主笔，在介绍中写道："杜君早年侍井研廖先生函丈，继从海宁王国维、新会梁任公诸先生，初析今古家法，寻探汉宋门径，近则由清儒之朴学，而求经学之科学解释。本先儒之经世，而究经学之政教的意义。其于经学的批判，既无出主入奴之积习，而筚路蓝缕，亦有建树学统之苦衷。"[①] 在1949年之后的文化环境中，经学研究无法继续，他的教学和研究都转向了史学，而各项运动的冲击又严重阻滞了学术研究，使得他后半生有才难施，成果较为薄弱，仅有《中国文史工具书使用辞典》，以及《刘知幾的史学》《张百祥革命事略》等文章。"文革"结束之后，他还打算重振经学研究，办经学班，编《经学大辞典》，可惜已力不从心，未能实现。

非常遗憾的是，杜钢百在民国时期的著作如《经学通史》《群经概论》等都是石印或油印的，流传不广。《中国文史工具书使用辞典》据载曾在"文革"前由西南师范学院出版社油印，但现已不见存本。他自己的藏书与著作书稿，曾在1940年由港返川途中大量丢失，"文革"时期又将大

[①]《复兴月刊·经学讲座》编者题识，见《复兴月刊》1937年第5卷第10期，第1页。

部分书籍上缴,之后亦再未归还,就连最后所剩的书稿也因身后房屋无人看管,在拆迁之时未能及时搬出,全部遗失。以致现今能看到的研究成果十分有限,只有二十来篇已发表的文章和一篇手稿,主要是民国时期发表的研究经学和论经学教育的文章,以及追忆革命人物和事迹的文章。不过,仍有一点值得欣慰的是,在《论大学课程中之经学研究》一文中,有关于他的经学课程思路和著作的介绍,据此可以稍微了解其著作的大致内容。另一篇《从当代思潮引出经学之认识与其批判态度》,也引用了《经学通史》中的部分内容,可为分析他的经学研究提供参考。

《论大学课程中之经学研究》共有"群经概论""经学通史""经学研究法"《诗经》研究"《论语》研究"《左传》研究"《春秋》研究"七门课程介绍(其中"经学研究法"《论语》研究"《左传》研究"不确定是否有完整的讲义稿),由此可窥杜钢百经学研究之基本思路和观点。"群经概论"是从宏观角度论述经学与经书,包括经学之义界,经学在中国思想史之地位及世界学术上之价值,经书之本源及在历代之流变与发展,各部经书之核心问题如《诗》之"四始六义"、《公羊》之旨称,以及经学的流派等,最后则聚焦于"以经学与近世各种科学提挈并论,申述经学之将来,而定理董之新方式"。① 探求传统经学在新的时代和学术风潮下的传承和发展,是杜钢百研究经学的落脚点。"经学通史"则以史通观,"论述经学二千年之衍变,而观其与学术文化交互影响之迹"。② 先从有文字记载以来至西周的典籍中推求经学思想之渊源,次论孔子与六经之关系,再叙由汉至清各时期经学变迁史。强调捐弃成见、打破家法,"不入主出奴,不似是而非,纯然以客观态度、辩证逻辑条分而析述之"。③ "经学研究法"是专门的方法论,同样意在贯穿将中国传统经学研究与现代科学方法相结合、融通,提出二分其法。一为取古人已有之成法,即"通训诂""审文法""明体例""通家法"四项,以及参考经学目

---

① 杜钢百:《论大学课程中之经学研究》,《民治月刊》第1卷第2期,第45页。
② 杜钢百:《论大学课程中之经学研究》,第45页。
③ 杜钢百:《论大学课程中之经学研究》,第46页。

录、考辨真伪等。一为近世自然社会科学之方法，如观察、实证、分类、求原因、立定律，循此可为研究经学另辟蹊径、别立境界。"《诗经》研究"的提要中，他主要反驳了顾颉刚提出的读《诗》绕开传疏、直探文本以求诗旨的主张，认为研究《诗经》不能只追溯古初之史，而应于历代注解中探寻其衍生发展之义，即使是纯文学研究，也当备采众说。"《论语》研究"中，主张研读《论语》应首考成书年代、题号定名，捃辑佚文校论真伪，然后推校历代注疏得失，最后会通考论孔子之思想。"《左传》研究"则分三方面：以比较《公羊》《谷梁》审明家法，及与《易》《书》《诗》通观比较，作经学研究；以书中所载各国行事、礼乐刑法、军赋食货、地理历数、种族姓氏等资料作史学研究；以文体、文法之学作文学研究。"《春秋》研究"，则先申明《春秋》非"断烂朝报"，为孔子微言大义寄寓理想之作。认为研究主要分两端：一为讨本寻源，明孔子正名之义；一为考析传注，评定真伪得失。虽然只是概述性的提要，仍可见杜钢百对经学已展开了全面的研究，从宏观的概论、学术史、方法论，到单部经典的个案研究一一涉及。且体系完整，有一以贯之的新经学思想和研究理路，即将传统经学成果和现代新的学术观念、方法结合，探求经学在当下的传承与发展。

《从当代思潮引出经学之认识与其批判态度》一文中，节录了《经学通史》中的部分内容，较为完整地论述他对"明堂"的看法，又约略展现出他的著作在具体问题论述上的一点痕迹。他首先批评了顾颉刚对"明堂"的论断[①]，认为在孟子之前，明堂制度就已存在，是周之先民开创而逐渐演变，并非孟子杜撰，并推测"明堂"之名来自"神明之堂""幽明之堂"或"文明之堂""明器之堂"，"本初民巫祝祀神之遗型，政教未

---

① 顾颉刚认为"明堂"之名最早见于《孟子》，孟子将"明堂"与王政牵合，赵岐注谓明堂乃周天子狩朝诸侯之处，以及后世将明堂作为天子举行各项活动的场所，皆是在《孟子》基础上的想象衍化。见顾颉刚:《浪口村随笔》卷三《明堂》，沈阳：辽宁教育出版社，1998年，第85-87页。

分之通例"。① 关于古代"明堂"制度的解释一直存在争议，顾颉刚提出的明堂本指敞亮的大屋，是聚众集会之所，作为"明堂"原型的解释是得到普遍认可的，但受制于古史辨派追求史源而往往缺少历史发展观的局限，顾氏对汉儒诠释明堂的批判不无失当。根据现在的研究，以祭天、祭祖以及朝觐天子为主的明堂制度在周代已经形成②，以此观之，杜钢百对"明堂"的考述也有一定道理。当然，就"明堂"这类历来论争不断的复杂问题，本文不欲深究具体研究具体结论之是非，只想说明的是，杜钢百文章中虽仅节录了《经学通史·明堂考》少部分内容，已有较为翔实的材料，并得出了较为可取的观点，则可推想原著或颇为厚重，亦不乏创见。

今存杜钢百在经学方面的文章共有七篇，皆于二三十年代发表。按时间先后，最早的是1926年在《实学》杂志上发表的《中庸伪书考》，从他早年所作同名长文中节选，仅载原文卷首部分。文中指出《中庸》非子思所作，亦非成于一人之手，主要沿用了宋人叶适、清人崔述的观点，个人观点不突出，但有明显受今文经学派影响的痕迹。1933年和1934年，他先后在武汉大学《文哲季刊》上发表了两篇"《春秋》学"专论。其中《公羊谷梁为卜商或为孔商讹传异名考》一文，对《春秋公羊传》《谷梁传》的作者进行探究。在综述各家的基础上，发展了其师廖平"《春秋》授商，故齐鲁同举首师以氏其说"的观点，认为《公羊》《谷梁》同出一源，皆为子夏所作。文中对前人的观点一一辨析，尤其是对古史辨派进行了有力的反驳，其结论亦可备一说。《孔氏撰春秋异于旧史文体考》一文，指出《春秋》与同时期及之前的各国史书的文体明显不同，主要是繁简有异，其他古史详于记事，而《春秋》却注重以字词寓褒贬，从而强调《春秋》具有寄寓理想的"经书"性质。作者在清人陈寿祺、徐哲东的基础上，例举九条证据，充分论证了这一观点。其说颇有见地，为后人所

---

① 杜钢百：《从当代思潮引出经学之认识与其批判态度》，《复兴月刊》1937年第5卷第10期，第12页。
② 参考张一兵：《明堂制度研究》，北京：中华书局，2005年，第491-495页。

认可，如饶宗颐《春秋左传中之礼经及重要礼论》一文中对此表示肯定。文章材料丰富，论述全面，今人在论及该问题时，如赵生群《春秋经传研究》、过常宝《先秦散文研究——早期文体及话语方式的生成》等文，在某些方面有所发展，如关于《春秋》中"四时"问题的研究，但总体上并未超过杜文的范畴。故而此文在研究《春秋》文体、春秋笔法方面是颇具代表性的一篇文章。1937年，他发表《经字考释与经名溯源》一文，提出"经"有广、狭二义，广义上为"典""册"，狭义指儒家经典。前人推究"经"字有"编丝"和"常"之争，便是分别从广狭着眼。同时，对卫聚贤解"经"字为纺织器具进行了批评。最后从先秦两汉的古籍中，归纳整理出古人阐述的关于"经"的多重内涵。

辛亥革命后学制改革，蔡元培宣布废除经科，将经书分纳入文、史、哲各科之中。此后，在政治、文化、学术等多重因素的牵缠下，学生是否该读经书、如何读经的问题被反复论争。1935年，国民政府提倡"新生活"运动，以"礼义廉耻"为核心思想，给时已饱受抨击的传统经学思想又带来了一丝复兴之望，"读经"问题亦再次成为焦点，引发了大规模的论争，当时《教育杂志》曾就此问题向全社会征文，还将大量来稿特辑专刊。在此背景下，杜钢百写了《从当代思潮引出经学之认识与其批判态度》《论大学课程中之经学研究》《评当代学者论儒家著作之失》三篇文章。三篇文章内容上虽各有侧重，但基本观念是一致相通的。在对经学的认识上，他认为经学具有独立性和特殊性，不应将各部经书分散纳入现代学科分类中，尤其反对古史辨派将经书的经学意义剥离，仅将其视为普通的文学、史学、哲学史料。对于"读经"问题，他强调经学所具有的学术价值及政教意义，积极呼吁大学开设专门的经学课程，并提出了较为具体的教学方案。在经学的教学、研究方法上，他提出应先从通论入手，学习基本概念和学术史，进而再习单部经典，并提出从史学考证、文学解读、哲学思辨等多角度研究经学。

除了经学论文之外，杜钢百所作多为史学方面的文章。在赵彦青《杜钢百传略》中，提到杜钢百在西师时曾写过《孔子的历史哲学》《司马迁的厥协六经异传整齐百家杂语》《刘知幾的史学》等，但都未曾公开发表，现已无法查找。今存者仅《张百祥革命事略》《回忆王右木烈士》《万县"九五"惨案纪闻》《谈笑风生，惊涛骇浪》《万县惨案与朱德、陈毅同志》五篇回忆性质的文章，都关于川籍革命先驱或革命事件。张百祥和王右木分别是他的同乡和老师，"九五"惨案是他所亲历。他凭自己的见闻作为第一手材料来记录这些人和事，其真实性和翔实程度均可以得到保障。这些鲜为记录的地方人事在他笔下被详细、生动地书写，其中尤以《谈笑风生，惊涛骇浪》一文对游说杨森和"九五"惨案始末叙述得最为细致、清楚，有许多谈话和场面的细节描写，且融入了他个人的情感与思考，富有文采，史料性、文学性俱佳。这些文章对于研究地方史、党史都具有参考价值，也常为后来相关研究所引用。

其他的文章有三篇是关于教育的。教育问题一直是杜钢百十分关注的，尤其是大学教育中院系学科建制问题。在1926年关于清华研究院国学门存废和宗旨问题的讨论中，杜钢百写了《北京清华大学研究院国学门发展计划书》。文中主张扩张研究院机构，在行政上引进师资、增藏典籍，学术研究上要甄别定本印行丛刊、重新编纂史书、编译海外汉学书籍、续修四库全书提要、编纂辞典类书、撰述专门史等。该计划思虑缜密、条分缕析，翔实清楚。尽管研究院在三年后就停办了，但是他提出的几项关于未来学术研究的规划确实切中了关键，在之后数十年直至现在仍是文史研究的主要致力方向，足见他有敏锐的前瞻力、洞察力。三十年代他在中山大学、暨南大学中文系任教时，鉴于当时国内大学中文系建制不够成熟，命名混乱，课程设置不当等情况，他先后写了《与中山大学校长邹鲁先生论中文系（？）改革意见书》和《检讨国内大学中文系（？）之"名称""课程"及其组织》。前者就中山大学征求课程设置修改意见之请，对中文系之命名和课程安排都提出了具体的修改意见。文中除了再次强调他一贯主张的大学课程中应专设经学一门，还特别提出应增设"典籍"一门，主张加强古典文献学方面的教学与研究，甚至提出中国语言文学系之名称上应加上"典籍"二字。这也是有见地的，在今天的学科建制中，中文类二级学科即有文献学一门。后者主要针对中央大学文学院院长汪东提出的中文系宗旨及课程设置进行批评，其中关于课程分类不清、重复、厚古薄今（指古代文学重视宋以前而忽视元明清）等的批评意见都很中肯，言辞也较为犀利。

还有一篇《名原复音广证》，亦是择录早年所作《名原考异》的部分内容，发表于《实学》杂志。这是一篇语言学方面的文章，是关于上古音中是否存在复辅音的讨论。他从汉语中存在合音、自反、一字重音等现象论证上古音存在复辅音的情况，很有创见。古汉语复辅音的问题由英国人艾约瑟最先提出，瑞典学者高本汉有进一步论述，而国内最先发表相关论文的是林语堂[1]，其写作时间应不比杜文早，且杜钢百原书有三卷，二十余章，规模更大，应有更充分的论述。尽管古汉语是否存在复辅音至今仍有争论，但杜钢百在这一问题的研究上亦有开创之功。吴其昌所作小传中曾载："君作《名原复音广证》，驻日公使汪衮甫君致吾社书，大张目云，怀之数十年欲吐，而为君先之。"[2]

通过对杜钢百文章的解析，不难发现，杜钢百之治学为文，多有经世致用之意。这应跟他少时接触维新思想，又师从今文经学者，培养了学以致用的观念，以及素来心系时局与社会有关。他所写的文章，往往有很强的现实针对性，这从一些文章前的"识语"中，可以清楚看到他作文的缘由与目的，如《检讨国内大学中文系（？）之"名称""课程"及其组织》之卷首"识语"云：

> 近年文法两科，为世诟病，故主校者，既有停办该两科之意（二十一年春邹鲁先生初任广州中大校长时，双方亦曾为文激辩，见广州《民国日报》三四月《副刊》）。而今之秉教者，又发实行限制文法科招生之名，此在教育原理与事

---

[1] 1924年，林语堂发表了《古有复辅音说》，见《晨报·六周年纪念增刊》，1924年12月1日。

[2] 吴其昌：《清华学校研究院同学录·杜钢百》，见夏晓虹、吴令华编：《清华同学与学术薪传·辑三》，北京：生活·读书·新知三联书店，2009年。

实之研究固属不当，然如文科本身亦自有其缺点，斯亦不可为讳者也。兹篇所检讨者虽为文科中文系之局部问题，顾经此度解剖后之诊断书，尤足为健身运动者之处方先导。讳疾忌医，明达所戒，右文之士，亦乐乎有此也。①

又于文末陈词云：

以上所陈各节，皆平昔亲历各校所观感者，拉杂书此，冀为司教者政者之参证耳。若误以此检核为攻讦，则世无批判，亦将永无革新之机矣。②

又如《与中山大学校长邹鲁先生论中文系（？）改革意见书》开篇"识语"云：

此函草于二十一年夏六月，迄今已年余矣，虽学校稍有变化，然根本仍未改造。环顾各校，仍多同病，盱衡时局，尤觉急需。盖文化复兴，已成普遍之要求，而文化建设更宜集多士研究与协作也。兹篇所论，虽针对某君课程表面发，然于文化引端，不无一得之愚用，敢公诸教界，详为讨论，非敢谓管见即是，不过抛砖引玉，冀于学术前途，有所改进耳。③

在这些文字中，他将自己干预时政，为学校、当局积极建言献策之意都表露无遗。他研究经学，将重心放在经学传承和教育上，其目的不仅在于汲取古代文化精髓以认识和理解当下社会之种种，还寄望在传统文化饱受批判和冲击的环境下，通过研究经学实现由文化复兴到民族之复兴。言道：

---

① 杜钢百：《检讨国内大学中文系（？）之"名称""课程"及其组织》，《新中国》第1卷第5期，第1页。
② 杜钢百：《检讨国内大学中文系（？）之"名称""课程"及其组织》，第10页。
③ 杜钢百：《与中山大学校长邹鲁先生论中文系（？）改革意见书》，《教授与作家》第1卷第1期，第1页。

> 惟是民族复兴之先,应有一文艺复兴之正确领导,以为民族文化运动者之先路,故检讨文化之大部遗产,经学似亦应少数专家所应努力,已不能认为其非急要而抹杀其历史上之任务也。①

总之,理解杜钢百治学的态度和宗旨,需要看到他具有关怀现实的使命感。

杜钢百的经学研究也鲜明体现了经学在近代学术中的过渡和转型。辛亥革命以来,随着新的文化思潮涌入和教育体制改革,传统经学已基本归于消歇,学校教育中也取消了经科。廖平是传统经学最后一位大师,已为学界公认,而作为弟子的杜钢百之经学研究与其师已有巨大差异。廖平经学体系最根本的正统观念,如尊经尊孔、尊三代、尊伦理纲常,已不再被认同;廖平经学研究的重心,即明古今家法,亦不再被关注。在杜钢百这里,经学不再是性命之学,而是作为传统文化的重要部分,是需要被重新审视和研究的对象。对此,杜钢百有明确的认识,他曾在文章中反复申明:

> 至函中论及经学一事,亦与旧社会一般遗老所提倡之读经救国殊科,既非提倡封建道德,亦非恢复其宗法社会,盖从纯客观学术史料立场,以研究古代文献,探寻古人思想而已,尤非劝告国内中小学强其必修,特献议于最高学府之大学者,似觉凡欲认识我国先民之文化,则势必应有此专门研攻之科目。②

> 余非主恢复光绪末叶所订学堂章程之制也,其时大学堂文科之外有经学专科,盖犹沿科举之遗制,告朔饩羊,略存旧型。故其时学者,有服习而无讨论,知经籍而不知其余,

---

① 杜钢百:《从当代思潮引出经学之认识与其批判态度》,《复兴月刊》1937年第5卷第10期,第4页。
② 杜钢百:《与中山大学校长邹鲁先生论中文系(?)改革意见书》,第1页。

诵读墨守，昧于时趋。夫知古而不知今，其极也并古已无所真知，此则徒能为贴括之学者、制艺之文，重为经学增其蒙翳耳，岂所敢语于研究哉？所谓研究之法者，在使学者通其条贯，明其本真，顺流以溯源，因迹以求心，不杂成见，纯任客观。①

在反对"尊古"同时，他亦反对过分"疑古"而使经学遭到过度抨击，云"至于新派则一以疑今惑古、杵击孔子为能事，举一切中国之弱点，而尽以相付。窃以为疑今惑古非不可，但当不以成见出之"。②

杜钢百坚持经学的主体性，极力反对将经学瓦解而将经书分别纳入现代学科分科中，主张保持经学的完整性和独立性。他以发展的眼光，试图以新的知识理论构建起新的经学体系，提出新的经学概念和研究方法。③在对经学的整体认识上，他基本将经学等同于哲学，指出：

> 盖经学之为物，适如社会学然，固综合各种生活样式而自成结构者也。其所申述，若为陈迹，而因事寓理，逐时流转，自上世以迄于今兹，推以至于将来，固时时昭示人生轨范，绵延创造，垂著常法。由自然社会推而至于思维，亦时时组成理则，自我认识，弥纶宇宙。惜今兹尚未完成，未能与世人新的认识耳，但前途光明，来学难诬，努力以创造此新经学运动，是又所望于科学运动中具正觉之大勇者也。④

并对经学下一简要明确的定义："以系统组织的思考，求宇宙人生之法则，研究个人与集团演进之正确轨道，而达一天下共同的合理的人生行动与

---

① 杜钢百:《论大学课程中之经学研究》,《民治月刊》第1卷第2期，第40页。
② 杜钢百:《论大学课程中之经学研究》，第45页。
③ 在他所著《经学界说抉微》及《论经学之特殊性与综合性》两文中，有关于对经学概念、性质的集中论述，可惜现已无法查找原文，只能从其他文章所引片段进行简要论述。
④ 杜钢百:《论大学课程中之经学研究》，第38页。

理想者，是为经学。"① 从这些叙述中，杜钢百仍将经学视为"恒常的价值和道理"，这与传统学者的观念似乎并无二致，所不同的是，他认为的"恒常"不是固定在某一时代或某人身上，而是随着时间在不断衍生新变。而在经学研究方法上，如前文所述，他坚持求"真"，主张以观察、实证、考辨等方法研究经学，又体现出向史学研究方法过渡的倾向。我国台湾地区学者王汎森在比较廖平与其弟子蒙文通的学术差异时，曾论道："廖平用他独特的经学体系支撑起庞大的价值系统和西方对抗，但置身于现代学术社群中的蒙文通不像老师那么自由，他的史学工作必须在现代史学社群中受到检验，他只能是历史主义式的，就像历史上的儒家在当时的历史情状中所值得肯定的部分加以阐发。前者可以任意构建包罗广大的系统，后者只能守住几根顶梁柱。一个是经学，或哲学地肯定传统文化，一个是历史地肯定传统文化。"② 杜钢百虽然并未像蒙文通那样将研究视角从经学转向史学，但是在以史学的态度和方法来研究经学，从而更加科学和理性地肯定传统文化这点上，他和蒙文通是有相通之处的，甚至在一些具体的观点上都是一致的，如他们都肯定经学的主体性，反对以现代学科划分经学。③ 在他们身上，都体现出在新旧交融之际，努力将传统经学纳入新的学术体系中的痕迹。在 1949 年后，经学研究曾长期停滞，直至近十数年才又逐渐重启，而现今的经学研究，就态度和方法而言，与杜钢百在 20 世纪 30 年代所提倡的仍大体相通。故而又不免再次感叹，若杜钢百的经学著作能完整保存，应能给今天的研究带来更多的启示。

杜钢百一再强调以新理论和科学方法研究经学，他所谓新的理论和

---

① 杜钢百：《论大学课程中之经学研究》，第 40 页。
② 王汎森：《从经学向史学的过渡——廖平与蒙文通的例子》，《历史研究》2005 年第 2 期，第 74 页。
③ 蒙文通《论经学遗稿三篇》中曾言："自清末改制以来，昔学校之经学一科遂分裂而入于数科，以《易》入哲学，《诗》入文学，《尚书》《春秋》《礼》入史学，原本宏伟独特之经学遂至若存若亡，殆妄以西方学术之分类衡量中国学术，而不顾经学在民族文化中之巨大力量、巨大成就。"引自《蒙文通全集》第三卷，成都：巴蜀出版社，2015 年，第 150 页。

方法除了史学实证以外，明显还包含了马克思理论。他将唯物辩证论运用到经学研究中，从上文提出以动态发展来定义经学价值便可见一斑，而这在他的文章中还有多处体现。如他就《论语》中所载孔子言论前后矛盾的问题，批评钱穆、冯友兰的观点，云："然则《论语》言天之有矛盾，故征诸上列所引者而知其为事实矣，奚能否认矛盾事实耶。凡此之失，固皆由钱、冯诸先生仅注意静的观察，而不以辩证逻辑以考核其动态之结果也。不知人类思想，每随时空而有所变迁，此梁任公所以自承'不惜以今日之我，与昔日之我挑战'之为事实乎？"① 这里显然套用了马克思矛盾对立统一理论。又如论经学之渊源，云："经学之产生，初原于生活六艺之劳动技术，继成于典籍六艺之思维规范，是则彼之本身，由外界事物之现象反映，从而构成思维之理则。故考历代载籍，体验身心物质而可征者也。"② 亦是清晰地带有唯物论的印迹。且他在文章中也明确提出了唯物辩证法之于经学研究的价值，云："按宇宙无常，一切皆变，此固权衡真理之定律。故一切历史均属迁流，亦属不能否定之事实。然则欲时时把握真理者，必逐时注意演化明矣。此种方法，用之哲学研究，胡适之教授谓之'察变'……此其法在今日动的逻辑（唯物辩证法）阐述中，推寻事物真理与历史真象研究，尤能说明其正确与合理。"③ 杜钢百青年时就接受了马克思主义思想，到了三十年代，马克思主义理论对中国文学、史学研究已有了广泛的影响，故而他很自然地援引马克思主义理论用以解释经学概念和研究方法等。不过，马克思主义思想只是杜钢百运用的"新"理论方法中的一种，他所接受和运用的研究方法是多重的，甚至是他所不自觉的。他的文章中偶尔有不甚连贯清晰、互相抵牾之处，或许便是交杂着多种观念而未完全消化、整合的缘故。

---

① 杜钢百：《评当代学者论儒家著作之失》，《教授与作家》第1卷第1期，第15页。
② 杜钢百：《从当代思潮引出经学之认识与其批判态度》，《复兴月刊》1937年第5卷第10期，第15页。
③ 杜钢百：《从当代思潮引出经学之认识与其批判态度》，第9页。

四、社会活动

杜钢百不是一位完全沉浸于书斋的学者，他既有经世之志，亦有济世之才，有胆有识，敢作敢当，在清华同学的印象中，他"雄武有才略"[1]，"激进而左倾"[2]，在从事教学、研究的同时，热衷于参加社会活动。

杜钢百少年在家乡时，听闻了同乡张百祥[3]的事迹，对他颇为崇敬，而生效法之心，隐然有投身革命之念。加上身处在新旧思想激荡的时代，社会变革气氛对青年人的感召，冲破大家庭的束缚，对自由精神与生活的追求向往[4]，以及川人天生的江湖义气等，都让青年杜钢百身上涌动着纵身激流、搏击风浪的热血热情。进入成都高师后，又受到了学监王右木的直接影响。王右木是四川地区宣传马克思主义的第一人，他向杜钢百介绍了马克思主义思想，不断提供《新青年》《新潮》等杂志给他阅读，让杜钢百接触到了其时国内方兴的共产主义思潮。对于正渴求自由和新思想的杜钢百来说，王右木所传播的马克思主义无疑是非常具有吸引力的，他表现出了极大的兴趣。之后他便加入了共产主义青年团，又参加了王右木组织的马克思主义读书会，并以共青团员的身份参与社会公益活动，如去茶馆教工人习字等。早年对马克思主义的接触和接受，成为杜钢百之后行为观念、立身处世的重要思想原则，而加入中国共产党，也在很大程度上决定了他的人生选择。

1925年，杜钢百在北京大学求学时，正式加入了中国共产党。在北京的两年间，正值时局动乱、学运频发之际，杜钢百在学习同时亦大力投身学运中。1925年3月，北京高等女子师范学院发起了反对校长杨荫

---

[1] 刘节：《刘节日记》，郑州：大象出版社，2009年，第16页。
[2] 吴其昌：《清华学校研究院同学录·杜钢百》。
[3] 张百祥（1879—1914），四川广安人。擅长武艺，曾留学日本，为共进会第一届领袖，章太炎称其为"长江大侠"。回国后参与发动武昌起义，后于参加反对袁世凯的斗争中牺牲。
[4] 杜钢百青年时叛逆离家，一定程度上是为了逃避家中安排的婚姻。他晚年时曾对家人谈及为何革命思想对他们那一代年青人极具诱惑力，他认为其中重要原因是新思想提倡民主自由，鼓励冲破家庭束缚追求婚姻自主。

榆的学生运动，为首的郑德音、张平江、甫正声都是杜钢百的同乡，他与女高师学生配合，负责校外联络工作，争取校外同学支持女高师的学潮，让女高师发表的各种"宣言"能及时得到社会上的响应和支持。1926年，在赵世兰（革命烈士赵世炎之妹）介绍下，杜钢百结识了共产党领导人李大钊、陈毅。应李大钊扩大共产党外围组织的指示，他在京四处奔走联络，成立了两个进步团体。一个是"四川革命青年社"，由他和朱近之发起。另一个是在陈毅的鼓励下，由他和北大学生孙东壶发起成立了规模更大的"新军社"，意为新军崛起，并创办了社刊，名为《新军》，宣传孙中山的三大政策，拥护国民革命和北伐。"三一八"惨案中，这个组织中的一些人牺牲了，之后杜钢百还参加了逼迫当局悼念"三一八"烈士的斗争。

1926年，杜钢百在返川的途中，在武汉与陈毅相遇于江轮之上。陈毅此时正欲前往万县作四川军阀杨森的动员工作，想要劝服他参加北伐战争。因杜钢百与杨森是同乡，又有参与组织动员的斗争经验，于是陈毅便邀他同行。在陈毅的劝说之下，杜钢百与他一起赴万县。到了万县，杜钢百先是单独前往杨森府邸拜访，跟他分析国内外形势，宣传革命思想，希望能鼓动他参加北伐。杨森对他的谈话表示出兴趣，但对是否参与北伐则未表明态度。之后他们与已在万县开展工作的朱德汇合，成立工作小组，共同展开争取杨森的工作。适逢英国军舰在长江中浪沉了杨森运军饷的船只，他与朱德、陈毅商议决定利用此次事件激发杨森的革命意志，鼓动杨森对英军进行声讨。杨森听取了他们的意见，于是命部队扣押了英国在万县的两艘货轮，与英方交涉。同时，工作小组联络了万县各界，开展声讨英军的动员大会。9月4日，万县各界举行了声势浩大的抗议示威游行。9月5日，因谈判交涉失败，英军以武力强行夺回被扣押的船只，双方爆发了激烈的战斗，均损失惨重。且英国战舰炮轰了长江两岸的民宅，战火波及无数民众，造成了数百平民惨死。史称"九五"事件或"九五"惨案。在开火之前，杜钢百被派往了重庆联络杨闇公等人，制造舆论，呼吁声援万县。后陈毅也来到重庆，在他们共同努力下，重庆、成都等地声援万县的群众斗争风起云涌，反帝浪潮由全川波及全国。这是杜钢百参加革命运动中经历的一件大事，之后他也多次谈起，或诉诸文字，写一些回忆文章。[①] 杜钢百在万县虽然受到杨森的礼遇，但最终却没有成功说服杨森。他于9月离开重庆，在成都继续开展统战工作，公开身份是邓锡侯二十八军督办公署的顾问，秘密进行革命联络、组织、宣传活动。一度还出资创办了报纸《革命新闻》，以揭露时弊、声讨军阀恶行为宗旨。

需要指出的是，在杜钢百的文章及其他一些文献中，都记录有陈毅、朱德曾一再劝说他放弃书斋，全身心投入革命工作，然而他却一再婉拒，一直奔走在社会工作与教书治学之间。当然，这两种身份有互补的一面，如他有文化人的笔头、口才之长，在宣传和统战工作中能有所发挥，他的学者身份、所办书店和学校也便于为开展地下工作提供掩护；而他的经世之志也为他探求经学在当下的适用性和发展前途提供了原动力。不过，在二者之间游走、徘徊，无法全情投入一项事业中，虽然丰富了人生阅历，却未能在领域内取得更突出的成就。他的内心应该更倾向于做个学者、教书先生，然而纷扰的时势和经世的志向却又让他不能不关怀现实。知识分子在遭逢变乱之际，往往表现出进退踟蹰的一面，这在杜钢百身上也有充分体现。

1927年，"三三一"惨案发生后，他与党组织失去了联系，直到30年代初到了上海才重新接上了组织关系，开始从事地下工作。他在上海以书店为掩护，负责一个情报组织。因他交际面广，结识了国民党元老谢持、杨沧白、柳亚子等人，并与陈立夫、陈果夫、曾扩情等国民党高级官员也有交往，能在与他们的接触中搜集情报，并秘密传递出去。又与吕一峰一起接管了由黄埔军校成员所办的神州通讯社，担任负责人，

[①] 吴其昌1927年为国学同学作小传，于杜钢百传中写道："君持己说甚坚，大抵君血性昭人，而或失于自信，坦白无城府，而易受蔽，故卒至误匪人为君子，以至于杀其身。世莫知君，君亦终自误也，哀哉！"误认为杜钢百已死，或许正是因他参与万县"九五"惨案而生出的讹传。

后来还把社里工作的几个年轻共产党员介绍到了陈毅的部队中去。四十年代，回到重庆后，他所创办的"草堂国专"和"东方人文学院"也常收纳进步青年，为共产党开展地下工作提供场所。如《挺进报》编辑、地下党员陈柏霖，就曾以"草堂国专"学生身份开展地下工作；"东方人文学院"也曾收留过华蓥山游击队的成员和家属。内战期间，随着国共斗争日益加剧，国民党在重庆加强了对共产党员和民主人士的"清剿"，杜钢百也一度被列为怀疑目标，成为军统特务重点监视对象。他在1927年脱离党组织以后，虽然一直在党的领导下展开工作，但没有正式恢复党员身份。其间杜钢百曾请求恢复共产党员的身份，但得到周恩来指示，让他继续保持民主人士的身份，这样更利于搜集情报，开展统战工作。1949年以后，他又加入了民主党派。1952年，民革西师支部成立，他加入民革，任委员，1957年升为主任委员。1963年，当选为四川省政协委员。

1949年后，杜钢百任教的西南师范学院是极左思潮尤为严重的地方，在政治高压下，教授们动辄得咎，只得少说少做，更不敢多写文章。这严重妨害了学术研究工作，当时西师历史系不少知名学者如吴宓、李源澄、吴毓江等在1949年后都没有突出的学术成果，远不如五十年代选择从西师出走的高亨。同时，历次政治运动给他们带来了极大的冲击，杜钢百也深受其害。在"三反""五反"运动中，他被诬指为贪污犯，更因拒绝参加批斗大会，而被人倒拖进会场，对他的身体和精神都带来极大的创伤。在"反右"斗争中，虽在右派分子的名单上逃过一劫，也被"拔了白旗"，受到批判。"文革"时期，自是被扣上了"反动学术权威"的帽子，被迫参加劳动改造，多次被批斗、关牛棚，甚至被殴打。所幸杜钢百性情豁达、坚忍，有传统儒者怨而不怒、哀而不伤的情怀，遭遇种种不幸尚能安之若素、处之泰然。在一些朋友、学生的文章中，我们能看到他在被派去修水库时，还领头与吴宓、邓子琴一起赋诗联句，将诗句当作号子广播开来给工人鼓劲；在"文革"之后碰到当年的难友，还能谈笑风生，将当年的苦难遭遇当作趣事侃侃而谈。

五、多宝道人

杜钢百之为人，有特出的才华和性情，人送雅号"多宝道人"。吴宓曾对"多宝道人"的名号内涵有精当的概括：其一，既是经学家，又是史学家，对中医科学亦有不少独到的研究；其二，他精力旺盛，鼓动能力超人，且又常能急人所难；其三，长期从事统战工作，广交各界名流；其四，博闻强识，记忆超人。

杜钢百博学多才，经史研究是他治学本行，自不多言，他在中医方面虽未有行医的经历，但有心得。前叙廖平因晚年多病，苦研中医之书，杜钢百受其影响，而对中医之术及医学典籍也十分感兴趣。他的交友之中就有不少名医，如有"神针"之誉的巴渝名医吴棹仙，就是他的至交。又如名医唐阳春，与他过从甚密，常一起谈论医理医道。有一次他听唐阳春谈及"火神派"名医补晓岚曾妙手治愈另一位下肢瘫痪的黄姓医生之事，极为叹绝，便几次前往黄家拜访，了解药方和剂量。他的藏书中有一部《四部总医录》，上面有他所写评注。

他的精力旺，鼓动力强，在清华同学吴其昌为其所作小传中即有体现："君好国民党说，竭尽其忠，盖每劝余亦同入。一夕，至子夜，犹刺刺论不休。"[①]在游说杨森的时候，杨森也被杜钢百的高谈阔论所吸引，而打破了所定谈话不超过二十分钟的限制，与他畅谈两小时。他有川人仗义拔刀的江湖气，常急人所难，他在民国时期从事地下工作时就经常暗中保护、接济身处困境的同志，如刘田夫在上海被捕入狱，就是杜钢百给他送饭。在日常生活中，他也常对身边之人施以援手。刘达灿的文章就曾记载，西师一位并不相熟的同事被错划为右派，停发工资，生活十分拮据，他便让学生悄悄送去五十元钱，还因顾及对方是知识分子的体面，特意嘱咐学生必须说是"借"给他的。他曾在街上看到有位穷妇人因卖馊了的玉米，被众人为难，挺身而出，向众人说馊玉米可以入药，他全部买下，然后再走到街角，悄悄把玉米全部倒掉。足见他的急公好义、古道热肠。

---

① 吴其昌：《清华学校研究院同学录·杜钢百》。

杜钢百前半生一直辗转各地，阅历丰富，在学界得遇名校、名师，结识了许多知名学者；又因积极于革命活动，开展统战工作，与政界人士也多有交往。广阔的人脉，自是有利于开展工作，也能在危难之际给自身及亲友带来一些便利，如他曾因为认识邓小平而逃脱过"革命工作小组"的批判。交游之中，值得书写的也不在少数，其中以他与吴宓的交情最为感人。在清华国学院当学生的时候，杜钢百曾作为代表要求辞退主任吴宓，但这丝毫未影响他们在西师共事的数十年中，成为彼此后半生互相帮扶的朋友。在《吴宓日记续编》中，常见有关于杜钢百的记载，如他们一起讨论学术、商议工作；一起去成都开会，在街头漫步、游览、逛书店；以及吴宓帮杜钢百照顾小孩、联系学校等。1956年，杜钢百即将再赴北京之时，还与吴宓一起观看昔日清华国学院的旧照片，两人追忆往昔，都感慨万千。在杜钢百被"革命工作小组"批判羞辱之时，只有吴宓不顾自身安危，挺身而出，仗义执言，与"工作小组"辩论，同时劝慰杜要委曲隐忍，不要作无谓的抗争。而在"大鸣大放"之时，杜钢百从市委领导任白戈处探得风声，叮嘱吴宓要保重自身，千万不要坚持"教授治校"的观点。后来他们皆因"同意"高校实行党委治校，而让原本已在计划内的两个"右派分子"从名单上除名。吴宓逝世后，杜钢百沉痛悲叹："想想雨僧夫子，竟然遭时不造，违遭无所用其才，神州之大，却不能容一书生展其才学，后代学子也不能传其学术造诣，而蹉跎岁月，磨难20余年，岂不哀哉！岂不痛哉！"[①]

杜钢百天生聪颖，长于记忆，也善于记忆，他将所读之书皆默记于心。上课之时不用讲义，而将知识内容娓娓道来。与朋友、学生闲谈中，常将历史、地名典故信手拈来、脱口而出。还在教学中也特别强调记忆的重要性，为学生创造了"年代大事记忆法""连锁记忆法""歌诀记忆法"等。如讲到甲骨文"四堂"，可以用"连锁记忆法"，王国维与罗振玉是儿女亲家，并为两"堂"；还可以用歌诀记忆法，"堂堂堂堂，郭董罗王，观堂沉渊雪堂化，彦堂人海鼎堂忙"。

---

① 张紫葛:《心香泪酒祭吴宓》，广州：广州出版社，1997年，第440页。

杜钢百，因名中有"炼"字，故字钢百，寓以百炼成钢之意。吴宓曾对他说："夫百炼之钢，宜达绕指之柔。"在历经磨难之后凸显出坚忍，这是对杜钢百的劝勉。钢之柔韧，正是杜钢百特出之性情。而他又以"岗柏"一名自称。岗上之柏，孑然独立，坚毅挺拔，久经风霜，正直不屈，亦可谓是他的风骨写照。在他身上，还可以明显看到处在新旧交替、世事多变环境的知识分子，带有的复杂性、矛盾性。出身富裕大家，却为追求自由而叛逆走上离家求学之路；一面接受激进、新潮的马克思主义，一面却学习钻研已被视为守旧落后之代表的经学；积极投身于革命活动之中，又对书斋讲堂恋恋不舍……正是这样的矛盾交缠，造就了他丰富多彩，甚至具有一定传奇性的前半生。而在他的后半生，这一切似乎都归于沉寂，那段特殊的岁月打倒了经学，限制了民主运动，甚至拆毁了课堂讲台，留给他们的是有才难施的困顿与残酷无情的批判。更令人叹惋的还是，杜钢百自藏的书稿文字未能存下只言片纸，而今只有在仅剩的零星材料中去书写他的人生与学术研究，不知道能在多大程度上还原这位博洽多才的"多宝道人"。

吴其昌先生的精神气质与治学之道

⊙ 谢伟铭

　　吴其昌（1904—1944），字子馨，别字正厂。1925年考入清华国学研究院，是国学院第一届学生。在院学习三年，主要从学于梁启超和王国维二先生。吴其昌的主要研究领域在甲骨文、金文、宋代学术史方面。学术著作更是涵盖学术史、理学、甲骨文、金文、天文历算等诸多领域，并多有创获，而且书法也颇有造诣。曾历任南开大学、辅仁大学[①]、清华大学和武汉大学的讲席，还曾任国立北平图书馆特约编纂委员。在清华国学院时期，他组织创办了《实学》杂志，担任《清华周刊》的编辑，还是中国营造学社、北京考古学社、中国博物馆协会的会员。其短暂的一生，留下了不可磨灭的印记，亦创造了辉煌的学术成果。

　　时人评价："吴其昌研究学术，继承了王国维先生的衣钵；发为文章，则一秉梁启超先生的文心。"[②] 可以说概括了吴其昌的学问路径和气质。当年，陈寅恪先生曾向辅仁大学校长陈垣写信推荐吴其昌，信曰："吴君其昌，清华研究院高才生。……学问必能胜任教职，如其不能胜任，则

[①] 据吴其昌先生的女儿吴令华女士回忆，任职辅仁大学这段经历，吴其昌本人并未提及过，只是在纪念吴其昌的相关文章中有提及，待进一步考证。
[②] 吴令华：《沸血胸中自往来——追忆父亲吴其昌教授》，见夏晓虹、吴令华编：《清华同学与学术薪传》，北京：生活·读书·新知三联书店，2009年，第36页。

寅恪甘坐滥保之罪。"①陈寅恪先生可以为吴其昌做这样的担保，可见吴其昌的学问人品自是优秀卓绝。在这里，我们对吴其昌的为人为学作一简要概述，以期让更多人有一番了解。

一、笃实赤诚的精神气质

吴其昌出生在浙江省海宁县石硖镇一个平民家庭。十一岁的时候，受业于桐城派古文家张仲梧先生，打下了古文功底。随着家道日贫，十三岁时辍学，开始了自学之路。年仅十七岁便考入了无锡国学专修馆②，跟随唐文治先生研习经学及宋明理学。吴其昌治学勤奋，好学多思，常与同学相互问学、切磋辩论。无锡国专期间，亦养成了严谨、重考据的学风。在治宋儒五子及诸家年谱方面，成果颇丰。1925年，吴其昌以第二名的成绩考入清华国学研究院，在四大导师的传道授业中，开始了自己学问上最重要的积累阶段。在国学院，吴其昌不仅继续深入宋代学术史、哲学方面的研究，而且开始了对甲骨文、金文的涉猎和钻研，为自己今后的学问路径打下了基础，也开拓了方向。吴其昌精研学问的同时，更加关注学校事务和家国天下的命运。作为研究院同学会的副干事和校学生会评议部副职，吴其昌积极投身于研究院的各种事项，诸如刊发国学院杂志，完善学生请假制度等；③并就学校有关于取消研究院一事，与杜钢百代表研究院同学致教职员全体大会公函，坚决要求维持研究院之独立存在；④还就校长曹云祥买通研究生王某反对梁先生为庚款董事会董事一

---

① 据陈智超先生所存陈寅恪先生与陈垣先生的十九封往来书信所载，见陈智超：《史学二陈的友谊与学术》，《纪念陈寅恪教授国际学术讨论会文集》，广州：中山大学出版社，1989年，第249页。
② 以下简称"无锡国专"。
③ 见《吴宓日记》第3册所记1927年1月、2月、5月、6月、9月的内容。《吴宓日记》第3册，北京：生活·读书·新知三联书店，1998年。
④ 此事当在1926年3月，见吴令华：《海宁吴其昌教授年谱》，《吴其昌文集》（五），太原：三晋出版社，2009年，第314页。

事，参与撰写呈控公文；① 还在"三一八"反帝请愿大游行中，毫无畏惧地举大旗走在队伍前列。任职期间，吴其昌不仅鞠躬尽瘁于讲台，面对国难深重的时局，更是做出了绝食请愿的义举。

纵观吴其昌的一生，可记录处甚多，可钦佩处亦更多，然篇幅所限，仅就若干方面略作叙述，以期管窥其行状性情。

（一）交游之谊

吴其昌为人刚毅秉直，与朋友交而重信有义，无论身处何时何地，都有挚友或砥砺于身边，或问候于他乡。平素好辩，凡学术上意见不同之处，定要据理力争、辩个明白。据王蘧常回忆，在无锡国专时，吴其昌经常与唐兰、王蘧常就先儒时贤、朱子集传等问题进行言辩文驳，激昂之情甚矣。但同时，其亦能服善，他人观点中正确和有益的地方，他定能欣然接纳。在他与郭沫若就毛公鼎年代问题进行的往来辩驳中，郭沫若提到的合理观点他都予以肯定并采纳。这也正是吴其昌性格中可爱可敬之处，也是其"直"的体现。

友人中与吴其昌交往甚密的有唐兰、王蘧常、刘节、徐中舒、侯堮、方壮猷、高亨、刘盼遂、姚名达、谢国桢、戴家祥。他们常常往来问候，于学问上相互切磋砥砺，共求进步。

吴其昌与唐兰、王蘧常的结识是在无锡国专，三人还被称为"国专三杰"。王蘧常对吴其昌的治学路径很熟悉也很夸赞，认为"理学而尚考据，自君始"。② 这个评价一直被后人采用，用来概括吴其昌治理学的方法与特点。而且，在惊闻吴其昌去世的消息后，王蘧常立即于悲痛中作《吴子馨教授传》，要发诸报端，但因其文"语太直"，亲友劝其不要发表，以免惹祸，而王蘧常毫无畏惧地说："为子馨而得祸，亦心所甘。"③ 吴其

---

① 此事当在1927年秋，见吴令华：《海宁吴其昌教授年谱》，《吴其昌文集》（五），太原：三晋出版社，2009年，第319页。
② 王蘧常：《吴子馨教授传》，《国文月刊》1945年第45期。
③ 王蘧常：《吴子馨教授传》，《国文月刊》1945年第45期。

昌在王蘧常心中的分量可见一斑，而吴其昌得此挚友，想来也可含笑九泉了。

吴其昌很看重同学间的友情，也很珍惜与友人对酒当歌、相互问学的机会。

在清华国学院学习时，唐兰有两次来京，一为1927年元宵节前后，一为1928年1月下旬，难得的相聚，吴其昌倍感珍惜，邀上好友侯堮，彻夜欢聚，即兴联词，可谓痛快淋漓。还有1927年秋，借在天津随侍梁启超先生的机会，吴其昌便常约在津的同学相见，如谢国桢、刘节、姚名达等。是年10月10日，邀约谢国桢畅饮于天津津门酒楼。他曾作诗云："削鸢围裘愧未工，坐欹双鬓战秋风。忍看瓯碎还成未，未博狙欢芋易穷。秋入肺肠樽酒薄，愁回天地夜灯红。饮兰各有微茫意，孤愤哀鄂一例同。"①谢国桢在《记清华四同学》中还提及另一次与吴其昌畅饮。那是吴其昌从八里台来找谢国桢，二人痛饮狂歌，并在深夜中蹀步而行，直至晓鸡欲唱之时。二人可谓投契甚深，后来吴其昌到了武汉大学，谢国桢还于夜宿泰山时寄书于吴其昌，怀念当年把酒言欢之情景，并认为"元白之谊"亦不及其二人之遇②，足见两人相知之义。吴其昌的诗集《燕都八哀辞》也记录了1930年前后，他与张仁政、钱穆、方壮猷等诸友及妻、弟同游故都名胜古迹的交游时光。与友人们相聚的时刻，总能唤起吴其昌的愉悦之情。1942年，当老友侯堮自北平脱险至重庆，特地前往乐山看望他时，他珍惜道：数年来无此乐矣。

1931年"九一八"事变前夕，吴其昌还与唐兰、刘节同去拜访商承祚③，商承祚拿出新近得到的庐江刘氏藏矍羌十二编钟墨本，众人一同研究讨论，并相约各作考释一篇。之后，四篇考释均成，可谓共同研学的

---

① 吴令华：《海宁吴其昌教授年谱》，《吴其昌文集》（五），第319页。
② 参见谢国桢：《瓜蒂庵文集》，沈阳：辽宁教育出版社，1996年，第273页。
③ 商承祚（1902—1991），字锡永，古文字学家、考古学家，曾从学于罗振玉。编有《殷虚文字类编》。

佳话。①

1929年，吴其昌发表了《殷周之际年历推证》和《金文历朔疏证》，郭沫若有《毛公鼎之年代》进行批驳。但吴其昌当时因忙于《金文历朔疏证》的继续研究，并未看到驳文，还是唐兰看到后写信告之，经由刘节交到吴其昌手上，吴其昌赶紧购得《东方杂志》阅读此文。后作与郭沫若商榷之文《驳郭鼎堂先生〈毛公鼎之年代〉》。这一时期，吴其昌本欲继续作《金文历朔疏证》，但郭沫若《两周金文大系》出版，其观点与吴其昌有合者、有异者，当时刘节建议先做简表，与郭说相讨论，并且在此期间，刘节、唐兰、徐中舒帮助吴其昌共同商讨，常至深夜。其友人间相互关切之情流露无遗。

吴其昌也很关心同学的境遇，据戴家祥回忆，1928年的时候，戴家祥一直谋不到差事，吴其昌为之担心着急，比戴家祥自己还焦虑，并时刻关注戴家祥的情况，当得知戴家祥被聘为中山大学的副教授时，立即给戴家祥写信，并引用苏东坡的诗"日啖荔枝三百颗，不妨长做岭南人"来慰勉他。1937年，戴家祥特地到珞珈山造访吴其昌，吴其昌因之前急性肋膜炎住院刚出院，拿出新得元明人书画相示，共同品评，倍感欢喜。

吴其昌还在1927年主持编辑了《清华学校研究院同学录》，其满含对师生的情谊，极为用心地编写了这本同学录。内容上不仅有梁启超先生的题笺，还有王国维先生的遗像和手迹；记下了"第一、二届同学的永久通讯地址，而且每人留一帧照片"。② 同学录中同学们各缀小传，其中刘盼遂、程憬、王庸等十余位同学的小传都是由吴其昌执笔写就。此外同学录还辑有梁先生与同学们在北海游玩时的谈话记录，这对研究梁先生思想也有重要的史料价值。这本同学录是对导师、同学言行情状的留念与珍藏。而吴其昌作为主持者，恰恰体现了他这份珍视友情与师恩的

---

① 当时四人相约后不久，东三省沦陷，吴其昌爱国之心迫切，将此文暂且搁置，12月才作出《鼍羌钟补考》。见吴令华：《海宁吴其昌教授年谱》，《吴其昌文集》（五），第319页。

② 吴令华：《"我最看重的是这本"》，《读书》2010年第2期。

温暖心境。

（二）尊师之情

吴其昌在清华国学研究院主要向梁启超、王国维、陈寅恪三位导师问道求学。其中主要受业于梁启超先生，与梁先生相处时间也最长。自入学以来，便跟随梁先生学习宋史、文化史等课程。梁先生平时上课也大都由吴其昌笔录。《清华周刊》上曾多次刊登出吴其昌记录的讲稿，比如《读书法》《读书示例——荀子》《政治家之修养》。

在梁先生生病期间，他又跟随先生寓居天津住所，也可以说是陪伴先生走过生命最后历程的学生，他对梁先生的感情更是笃厚至深。

1928年夏，吴其昌在天津随侍梁先生时，于双涛阁作《说榘櫼声例》，请梁先生批阅，后又呈给陈寅恪先生批阅。梁先生于病中亲笔批字。吴其昌因珍爱先生手迹，一直不敢将此文付梓，至1940年1月，《金陵学刊》复刊，李小缘[①]向吴其昌约稿，吴其昌才最终将其刊出，但数次嘱咐李小缘在排字时不要污秽先生手迹。并且在此次重校文稿时，吴其昌发现文中还有陈寅恪先生的手批之字，其惊喜与珍重之情自不待言。我们可以从吴其昌给李小缘的信中窥得吴其昌对梁先生手迹的珍视之心，其尊师之情亦流露无遗：

> 今接奉元旦手教，欣喜《金陵学刊》即将恢复，至为庆贺，而征文及弟，弥增惶惭。……惟忆乡间行箧之内携有旧稿《说榘櫼声例》一篇，因有先师梁任公亲笔批字，故从未付刊，恐被排字工友污秽先师之手迹，不知先生以为值得登载否？……惟祈原稿缮抄赐还，因愿永保先师遗泽……一月廿三日
>
> 拙著《说榘櫼声例》（连跋约九千字），昨已特赴乡间检出，校读一过，始知除有先师任公先师手批外，尚有吾师

---

① 李小缘（1897—1959），原名李国栋，字小缘，江苏南京人。曾任金陵大学中国文化研究所所长、图书馆馆长等职。1952年后任南京大学图书馆副馆长。

陈寅恪先生手批之字（第二页眉上所注即印度文字母即是），且梁师之批乃易箦前三月之手笔，故宝爱至今，宁可不予发表。今以先生之故，始敢呈教，惟至恩先令书记誊写一遍，原稿掷还，至祷至感。……二月十八日①

吴其昌原稿被寄回时，迟迟未收到，于是吴其昌连去四封信请李小缘与邮局交涉，焦急之情难以言表，对邮局更是严词相对："须令其知此件决不能敷衍了事者，亦不能任意延宕时日者。……彼如不能限期交出，惟邮务长是问。"②而终于在二个月后收到原稿时，吴其昌心中犹如一块石头落地，看到原稿"得以幸存"，深是"感激无既"。

梁先生去世后，吴其昌撰写了《祭梁启超先生文》，其情之挚，其念之深皆流露笔端。文中有先生在时的谆谆教诲、殷切期望、关切询问，如"率尔叩门，必蒙招趋。垂诲殷拳，近何所为？有何心得？复有何疑？"。也有向先生禀诉时局晦暗，国难犹深之语，如"至于国难，更深于海。今者北虏，如魈如鬼。虔我边陲，饮我血脂。匪言可尽，转喉成戾。九原可作，犹当切齿。不敢悉告，恐师零涕"。③可见吴其昌深知先生心系民族国家之安危、期望王师北定之日，尤其这句"不敢悉告，恐师零涕"更是透彻地表现出对先生忧国之情的体知，不敢将国难犹深之实相告。这篇祭文，字字饱含对先生的怀念敬重之情，让人读之不禁潸然。

吴其昌还着力为梁先生写传。1943年12月，他于病中开始撰写《梁启超》上册，虽发烧、吐血亦未尝中断。到1944年1月19日，上册封笔。而吴其昌于2月23日病逝于乐山。《梁启超》上册成为吴其昌的绝笔，其生命的最后时光留给了自己的恩师，其笃于师情，大可概见。

而梁先生在世时对吴其昌亦是颇为倚重，不仅让其跟随左右，还推荐其至南开大学任教，并常常与吴其昌倾心畅谈，讲述自己的过往。在《梁任公先生别录拾遗》中，吴其昌记录了诸如梁先生对日本人态度

---

① 姜庆刚：《吴其昌先生书信选刊》，《中国文化》2012年第35期。
② 姜庆刚：《吴其昌先生书信选刊》，《中国文化》2012年第35期。
③ 吴其昌：《祭梁启超先生文》，《吴其昌文集》（五），第70页。

的转变，由最初的感觉日本人可敬可爱，到护国之役后感觉日本人的可畏可怖可恨；为阻止袁世凯称帝，梁先生曾与冯国璋往见袁世凯，却被其先发制人；以及梁先生对谭嗣同、刘光第的钦重之情；等等。在《梁任公先生晚年言行记》中，讲到康有为与孙中山之关系；提到梁先生当时对蒋介石这一新青年的爱护之心；提到梁先生有赴朝鲜隐居之想法，并欲作朝鲜理学与朝鲜学案，以期厘清七百年来朝鲜理学之渊源；又道先生为建设国家文化事业而付出的努力。所谈种种可能是梁先生不曾公布的内容，其对弟子的娓娓道来，正让我们看到师生二人关系之亲近，亦见梁先生对吴其昌之信任。

此外，吴其昌还跟随王国维先生学习甲骨文、金文等课程，至1927年6月王国维先生逝世，吴其昌亲得王先生所教两年，相较于之后入院的学生已无缘受业于其门下，可谓幸矣。比如当年蒋天枢就是慕王先生之名而来，却在入院后得知王先生已殁的消息，无缘面师，哀痛遗憾之情可想而知。吴其昌对王先生亦敬重有加，常常认真细致地为王先生记录讲稿，在《清华周刊》上连续刊载，如《王静安先生古史新证讲授记》《王静安先生尚书讲授记》《王静安先生古金文字讲授记》《王静安先生仪礼讲授记》。

在得知王先生自沉昆明湖之后，吴其昌悲痛至深，第二日上午，便与国学院学生二十余人前往颐和园与校领导及王先生家人一同处理先生后事。6月14日，吴其昌主动找到时任国学院主任的吴宓，提议以《学衡》专期纪念王先生。[①] 直至多年后，吴其昌在武汉大学任教期间，还作了题为《王国维先生生平及其学说》的演讲[②]，其中对清华园的生活记忆犹新，对亲炙王先生门下、王先生之掌故轶闻、治学经过等"如数家珍、滔滔

---

① 吴宓著，吴学昭整理：《吴宓日记》第3册，北京：生活·读书·新知三联书店，1998年，第354页。
② 该演讲稿发表于1943年《风土什志》，据吴令华先生所撰《海宁吴其昌教授年谱》所注，此次演讲时间待考，又据于极荣所撰《吴其昌先生印象记》所写"某年秋，史学系一次学术演讲……王国维先生之生平及其学术思想，由先生主讲……"当是这篇演讲，但年月不详。

不绝……令人动容"。① 可见吴其昌对王先生的怀念之情及王先生对其影响之深。

就治甲骨文金文而言，其研究方法均得自王先生，而且始终将先师未竟的事业作为自己的责任，力求将先师之业发扬开来。比如，在王先生逝世五周年之际，吴其昌作《卜辞所见殷先公先王三续考》以示纪念。因为自王先生去世后，考古发掘的成果越来越多，但在先师之文《殷卜辞中所见先公先王考》和《殷卜辞中所见先公先王续考》写后十五年间竟没有继先师之志、广先师之业者，他自觉承担此业，遂成此文。还有《殷周之际年历推证》一文，开篇讲到王国维先生曾以"共和以前年代之研究"命题，但当时吴其昌并未有所创获，随着研究的深入和对彝器卜辞的积累，对先师遗业，不敢不竟，于是作此文以答先师。

国学院的另一位导师陈寅恪先生也是吴其昌时常惦念的师长。虽然在国学院时期，吴其昌向陈先生问学之时不多，一则陈先生比梁、王两先生来校晚一年②，再则吴其昌所作研究之方向与梁先生和王先生更为一致。但毕业之后，吴其昌时常给陈先生写信问安，惦念先生近况。其信尚未得见，但通过陈先生1940年和1942年的两封回信可以看到，吴其昌是常致信陈先生的。③

（三）爱国情怀

吴其昌为人所叹服、敬仰之处，还体现在他赤诚的爱国之情。吴其

---

① 于极荣：《吴其昌先生印象记》，见陈明章：《国立武汉大学》，南京：南京出版社，1981年，第164页。
②《吴宓日记》中1925年6月25日所记内容："晨接陈寅恪函，就本校之聘，但明春到校。"见吴宓著，吴学昭整理：《吴宓日记》第3册，北京：生活·读书·新知三联书店，1998年，第37页。
③ 1940年4月2日，陈先生回信说："云南地高，于患心脏病者不宜。今秋恐不免有欧西之行。世乱国危身病，真不知相见何日何地也。"1942年8月5日，陈先生回信说："尊恙想是过劳所致，不知能有稍休养否？念念。"见吴令华：《海宁吴其昌教授年谱》，《吴其昌文集》（五），第340、343页。

昌所处的时代恰是中国战乱频仍的时代,他有着强烈的爱国情怀和担当意识,在埋首做学问的同时始终关注着中国的前途命运。带病上课时,他曾说:"国难深重,前方将士效命疆场,后方教授当尽瘁于讲坛。"[①] 其实,不止尽瘁于讲坛,他更在实际行动中积极地践履着自己强烈的爱国情感。

1926年3月18日,发生了震惊全国的"三一八"惨案。鲁迅称这一天为民国以来最黑暗的一天。当天,包括众多学生在内的游行队伍在段祺瑞政府门前请愿,却遭到军警的武力驱散,结果造成当场死亡47人、伤200多人的惨剧。其中有北京女子师范学校学生刘和珍,《纪念刘和珍君》一文就是鲁迅因此事而作。

而此次游行,正是吴其昌举大旗行于队伍前,也险遭枪击。清华学生韦杰三遇难,吴其昌便代表全校未遇难同学作《祭韦杰三烈士文》,以悼念遇难同学。字里行间,哀韦杰三之不幸,愤当政者之暴行,不忍与痛恨之情溢于全文。随后,吴其昌博考群书,查古代学生干政运动事。他指出中国古代学界干政之事东汉和明代都有,但学生干政,只见于宋代。于是撰成《宋代学生干政运动考》,以表先烈懿行,为后人树立楷式,并以当日政府之宽厚,对比今日政府之所为,望今日之官僚能扪心自省。

1931年,时逢"九一八"事变,吴其昌奔走呼号。于11月20日,率弟吴世昌与妻子诸湘到顺承张学良官邸绝食请愿,并慷慨呈文曰:愿效昔日申包胥哭于秦庭七日夜,今哭于张副司令之庭,望张副司令即刻出兵支援奋战于东北前线的马占山将军。吴其昌具体提出了三个要求:第一,急调大军,由昂热线昼夜趋进,捣日寇之背,以解龙江之围;第二,急电蒋主席,调首都空军飞黑,驱逐暴日;第三,急电巴黎施公使,在日军未退出洮昂线以前,拒绝任何和解。在吴其昌的义举之下,张学良只答应了第一条,并说其余二条需请示南京。于是,吴其昌率妻弟赶赴南京,与蒋介石面谈,蒋介石答应全部接受,随即吴其昌诸人转而拜谒中山陵。从至张府绝食始,一直到南京拜谒中山陵,共绝食约八十四小时,在中

---

① 吴令华:《海宁吴其昌教授年谱》,《吴其昌文集》(五),第344页。

山陵前夫人诸湘已晕倒。吴其昌满怀爱国激情发表昭告总理文,明示"此后如蒋主席张副司令果能实践前诺,毅然御侮,是不愧为先生肖徒,尚先生在天之灵,明神佑之。如蒋中正张学良背势卖国,或食言误国,是甘心为先生之罪人,尚望先生在天,明神殛之。谨率吾全家即在先生陵下开始复食。并当锻炼此躯,为国家尽虫蚁劬瘁"。[①] 为了国家的命运前途将一己之安危、小家之生命抛诸脑后,真可谓"壮怀激烈"。此壮烈之举产生了广泛的影响。清华大学学生会组织了二百余人的请愿团在 24 日赶赴南京,要求国民政府实现吴其昌的主张。全国各地学生抗日请愿活动也风起云涌。

卢沟桥事变后,吴其昌更是不遗余力地进行抗日宣传,并曾发电要求率妻女上前线。[②] 还在中央干部训练团为抗日军官讲"历史上的国难教训"。抗日战争全面开始之后,吴其昌随武汉大学转移到四川乐山县,并积极参与各种抗日救国活动,到处讲演,对青年学生讲,对抗日军官讲,对大小官员讲……他不仅付诸行动,亦诉诸笔端,从 1932 年开始,陆续有满含爱国之情和时政评论的文章发表,如《治学的态度和救国的态度》(1932)、《民族危机的认识和救国治学的态度》(1933)、《开国的士风与亡国的士风》(1934)、《历史上国难的教训》(1935)、《复兴民族的教育宗旨》(1936)、《文人对于国家的责任》(1937)、《乐观、知耻、戒慎、奋进》(1938)、《中华民族生存发展的斗争》(1939)、《长期抗战的国民意志》(1940)、《中日战争的一个历史看法》(1941)、《拯救沦陷区的忠诚青年》(1942)、《响应献金运动补陈三义》(1943)、《光明的进程》(1944)。直至去世前夕,吴其昌都在笔耕不辍地激励人们救亡图存的意志和为国奉献的精神,《光明的进程》是 1944 年元旦发表的,他知道前途必定是光明的,只可惜他没有等到抗战胜利,但想来他对此结果是必信无疑的。他坚信抗战胜利、民族复兴的信念在文中随处可见:

---

① 吴其昌:《昭告总理文》,《吴其昌文集》(五),第 179 页。
② 吴令华:《海宁吴其昌教授年谱》,《吴其昌文集》(五),第 337 页。

我们要坚决自信全民族复兴的成功。①

应该每一个人都把整个的精力全部贡献于国家的复兴事业……复兴目的，不达不休。②

至少常识上应该知道中华民族的"最后胜利"，从全部世界史的无数显例去观察，是天经地义！③

而且在《金文世族谱》序中，吴其昌讲到，这部著作正值"禹域神州行将碎沦之日"，他"冥心孤索我义黄神胄之种姓、族源"，苦讟悲愤，"不可忍堪"，于是将《金文世族谱》"自比于屈子哀郢，韩非孤愤之笺注也"。④ 吴其昌之于民族家国的情感、传承华夏文化的责任令人可感可佩。"数年中为抗日写论文数十篇，卅余万字。文笔犀利，饱蘸情感，人称有梁任公风。"⑤ 吴其昌还曾打算写一部《抗战护国贤豪传》，后写出了《郝梦龄传》和《郑安宝传》两篇。

另外还有一个小片段，在南京大学收藏的吴其昌与李小缘的往来书信十六封中，有一封是吴其昌所写日军对住地的轰炸，"然巨弹落于后院，碎片飞于桌上，墙垔剥落，玻窗碎倒，受赐已不浅矣。炸弹碎片灼热以后冷缩，乃成一奇古假山，弟他日拟携之倭邦展览，此倭创送予之礼物也"。⑥ 此段记述，不仅呈现了当时日军轰炸的惨状，还流露出吴其昌对日军的戏谑嘲讽。"受赐已不浅矣""携之倭邦展览"等语于风趣中亦见吴其昌坚定的态度。此番经历当发生在1939年日军轰炸乐山时。⑦

---

① 吴其昌：《历史上国难的教训》，《前途》1935年第3卷第12期。
② 吴其昌：《民族复兴的自信力》，《国闻周报》1936年第13卷39期。
③ 吴其昌：《民族盛衰的史例观》，见《子馨文在》，《近代中国史料丛刊续编第八十一辑》，沈云龙主编，台北：台湾文海出版社，1978年，第21页。
④ 吴其昌：《金文世族谱》（序），台北：台湾商务印书馆，1936年。
⑤ 吴令华：《海宁吴其昌教授年谱》，《吴其昌文集》（五），第337页。
⑥ 姜庆刚：《吴其昌先生书信选刊》，《中国文化》第35期，2012年。
⑦ 此封信未注明时间，据吴令华先生所编年谱，1939年暑假，吴其昌先生到重庆开会。"八月十九日日军轰炸乐山，在寓所后扔一炸弹，弹片飞入室内。先生从重庆回来，不问自家损失，先问师生情况。"当是此事。见吴令华：《海宁吴其昌教授年谱》，《吴其昌文集》（五），第339页。

吴其昌的爱国之情不仅体现在这诸多爱国壮举之中，同时也体现在存续祖国文化遗产的努力中。

早在1924年，吴其昌在容县任教期间，曾致书胡适，提出了四点建议："一、请保存石鼓，望呈请教育部设博物馆；二、请辑宋元佚书；三、请剪裁重编一切类书；四、请钞集永乐大典。"①

1938年，面对战争给生命、文化带来的灾难，吴其昌拖着病体，不忘对文化遗产的珍视与拯救。此年，他给张元济写信，要求其出面拯救宋刻《旧五代史》一书。当时，蒋慰堂告知吴其昌此书在上海，吴其昌"惊喜欢起"，因为此书在明朝时只有二部，"一为闽中连江陈一宅口所藏（见世善堂书目），一为姚江黄梨洲先生所藏"。而此书"殆尚为梨洲先生所藏本也"。明代时尚有宋刻全帙，由傅山所藏，但"以无人流布而绝种"，因此，吴其昌于惋惜中更生出希望，"今次书又岂忍生视其再绝种乎！"认为"计海内可以呼吁拯救此书垂绝之命者，惟吾丈耳！"对张元济拯救此书寄予很大期望。除此书之外，他还强调"凡四库丛书未著录，海内外仅一孤本，即将绝种灭影之书，拯救犹不可缓"。并且认为"多流传一四库未见之经籍，即多为民族积存一分之光荣也"。②字里行间，亦见吴其昌珍视先辈精血之情与存续文化之赤心。

正是"慨然以天下为己任"，吴其昌的精神品格中有着明显的"士"③人情怀，弘毅、传道，不遗余力。进则请缨前线，绝食明志；退则立足讲台，激昂文字。始终体现着一种坚毅的决心和高昂的斗志。即使疾病缠身，还在"忧国不辞身独瘵，忆辽常梦鹤重还。何须金篦苦针炙，沸血胸中自往来"。④其"内热救黎元"之志溢于言表。

---

① 吴令华：《海宁吴其昌教授年谱》，《吴其昌文集》（五），第313页。
② 此段引文皆引自方继孝：《吴其昌先生精神品格剪影——从吴其昌致张元济的一封信谈起》，见王兆成主编：《历史学家茶座》总第9辑，济南：山东人民出版社，2007年，第119页。
③ 吴令华女士在谈到吴其昌先生的精神品质时，着重强调了其"士"的精神。
④ 吴令华：《海宁吴其昌教授年谱》，《吴其昌文集》（五），第337页。

二、诚恳求真的治学之道

中国在晚清以后，传统文化衰落，西学之风渐盛，"五四"前后，反传统与全盘西化已成为中国思想界的主流。但在世界范围内，也已经开始了对科学、对物质文化的反思。西方人本主义思潮的兴起，关注生命的价值，反对科学主义、反对机械的人生观。梁启超的《欧游心影录》中更是讲到大洋彼岸的人们期待着用中国文化去解救他们。所以，很多学者便开始重审传统，挖掘中国传统文化中安心立命之旨，1923年科玄论战中玄学派的主旨即在于此。另外，白璧德的人文主义思想也产生了广泛的影响，其针对美国社会面临的物质文明的危机，强调用历史的智慧来反对当代的智慧。白璧德对中国儒家传统非常感兴趣，也希望在中国能有"新孔教之运动"①，他的学生梅光迪、吴宓等将他的思想在中国传播开来，以《学衡》为阵地，积极阐释和发扬中国传统文化。于是在五四新文化运动的主流之外，还有着积极倡导传统的一股潜流。

而清华国学研究院正是顺应着这股潜流创办的。在国学院的人员构成上，主任为吴宓，四大导师为梁启超、王国维、陈寅恪、赵元任。他们都有着深厚的国学根基，对中国传统文化有着深厚的情怀。同时，他们也都有着很高的西学素养，都走出过国门，接受过西方文化的熏陶。而清华国学院设立的意旨即在于一方面精深于西方文化，一方面精进于中国传统文化。吴宓在《清华开办研究院之旨趣及经过》中讲到设立研究院的初意时说："（一）值兹新旧递嬗之际，国人对于西方文化，宜有精深之研究，然后可以采择适当，融化无碍；（二）中国固有文化之各方面（如政治、经济、哲理学），须有通彻之了解，然后于今日国计民生，种种重要问题，方可迎刃而解，措置咸宜。"② 这和几位导师的研究志趣、心志所向颇为吻合。

---

① 白璧德撰，胡先骕译：《白璧德中西人文教育谈》，《学衡》1922年第3期。
② 徐葆耕编选：《会通派如是说——吴宓集》，上海：上海文艺出版社，1998年，第173页。

这几位导师在国学院所开的课程和指导的学科范围都是围绕传统学术展开的。王国维先生开设古史新证、说文练习等课程，指导范围包括古文字学、上古史、中国文学等；梁启超先生开设中国通史、儒家哲学等课程，指导范围包括宋元明学术史、中国佛学史、诸子等；陈寅恪开设西人之东方学之目录学、梵文—金刚经之研究等课程，指导范围包括年历学、古代碑志与外族有关系者之比较研究、佛教经典各种文字译本之比较研究等。① 而学生们的研究成果充分体现了导师们的教学宗旨，如杜钢百的《中庸伪书考》、高亨的《韩非子集解补正》、刘盼遂《春秋名字解诂补正》、陆侃如《乐府的影响》、陈守寔《明清之际史料》、王庸《旧伦理与新道德》，等等。学生们在国学院期间成果颇丰，大都发表在《国学论丛》《实学》《清华周刊》《清华学报》……受到校内外学人的瞩目。其中，《国学论丛》是国学研究院刊行的，《实学》是由研究院学生吴其昌、刘盼遂、杜钢百等人发起创办的一个学术月刊，该刊的宗旨是"本之经以明圣贤之心，攻诸史以寻治乱之迹。汇百家之学，集万国之观"。② 一方面强调了对传统文化的尊重，一方面又指出要采百家之长，要有先进的方法和观念，而最终指向的还是对传统的阐发，即"明圣贤之心"。

总之，面对新文化运动、五四运动以来"西化"之风日盛的社会风潮，清华国学院的创办是朝着挽救和振兴中国传统文化方向努力的，几位导师精研中国传统文化，并在国学的教学中传播传统文化之精华，以开放和包容的心态融合中西学说，希冀培养国学人才，担负起弘扬传统之任。国学院为实现传统文化的创新与发展，扭转传统文化的颓势发挥了积极的作用。这正是流淌在清华园的守护传统的潮流，从这里走出去的学子们延续着这股潮流，促使着中国传统文化的逐渐复兴。我们可以从国学院学生蓝文徵的话里感受到这一传统对学生们的影响："同学分研中国文、

---

① 参见孙敦恒编著:《清华国学研究院史话》，北京：清华大学出版社，2002年，第51-65页。
②《实学》创刊号，1926年4月，第4页。

史、哲诸学，故皆酷爱中国历史文化，视同性命。"①

吴其昌的学术研究正是在这样的文化浸润中开始的，他的治学之路也正是沿着导师们的思想指向展开的。他短暂的一生留下了丰富的学术成果，其中满含着对祖国文化的挚爱和信心。

（一）求学时期的学术研究

吴其昌一生求学最重要的两个时期是求学无锡国学专修馆和求学清华国学院。在无锡国专，吴其昌受到了专业的学术训练，为学术研究打下了基础。在清华国学院，其学术成果逐渐丰硕，此时研究的重点在宋明时期的学术思想，尤其是理学方面。

吴其昌在国学院作了大量宋明理学的研究，这是他早年在无锡国学专修馆的治学方向的延续和深入。早年入无锡国专时，便跟随唐文治先生治宋明理学。1923年，经唐文治先生组织，吴其昌与王蘧常、唐兰等编辑了《朱子全集校释》；同年，在《学衡》上发表了《朱子传经史略》，这也是吴其昌先生发表的第一篇学术论文；王蘧常还记录到吴其昌"作朱子理学讲义，累数十万言"②。考入清华国学院跟随梁先生治学后，继续对二程、朱子作进一步的研究。因此，吴其昌早年在二程、朱子研究方面颇有成果。国学院时期，他在理学方面的著述主要有《朱子著述考（佚书考）》《明道程子年谱目录》《宋代学术史》《谢显道年谱》《李延平年谱》《程明道年谱》《宋代哲学史料丛考》《朱子外集》等。

民国时期，朱子学是很受关注的。1914年，汤用彤发表《理学谵言》，推崇朱子学。1916年，谢无量出版了《朱子学派》。1930年，正值朱子诞辰八百周年之际，著名的《大公报》专辟《文学副刊》刊登纪念朱子的文章，并以"朱晦翁诞生八百年纪念"为主题，连续五期刊载了学术论文四篇：有贺麟的《朱熹与黑格尔太极说之比较观》、张荫麟的《关于

---

① 蓝文徵：《清华大学国学研究院始末》，见孙敦恒编著：《清华国学研究院史话》，北京：清华大学出版社，2002年，第173页。
② 王蘧常：《吴子馨教授传》，《国文月刊》1946年第45期。

朱熹太极说之讨论》、吴其昌的《朱子之根本精神——即物穷理》和《朱子治学方法考》。1932年，冯友兰还发表了《朱熹哲学》。当时还有两部儿童读物《朱子》。①这一时期朱子学研究也借鉴了西学的方法，体现着中西文化的冲荡融合，也可见全盘西化潮流背后传统文化的阐扬并未停息。

当然，贺麟、张荫麟所讲朱子的太极说、朱子的理学思想，是从哲学角度进行的探讨，而吴其昌对朱子的探讨，更注重的是方法本身，注重材料的发掘和考证。前文提到，王蘧常总结说："理学而尚考据，自君始。"②吴其昌作理学研究的特点就是不直接作义理的研究，而先从考据入手。这也是吴其昌朱子学研究包括整个理学研究的特色，他"对朱子著述的考察、对朱子辨伪学的研究，开民国研究的先河"③，为朱子学研究开辟了一个新的方向，成为民国时期朱子学研究的重要一环。

在《宋代哲学史料丛考》中，吴其昌开篇讲到，他自己有志于撰写宋代以后的哲学史，然而在他来看，撰写哲学史的先决条件是精密地考定哲学史料，"否则捕风捉影，高谈玄虚，一若倭邦坊间所售之《中国哲学史》等，将遗后世通人以'瞽说''柺说'之讥焉"。④此番言论足见其治学的"求真"之道，本着这一原则，吴其昌在作宋代哲学研究时都要进行史料的考证。

1923年10月，发表于《学衡》第22期的《朱子传经史略》一文，奠定了吴其昌之后治理学的理路和方法。这篇文章就朱子传经之史加以考察，从"行之于躬"与"施之于人"两方面入手，将朱子一生治经学的经过从"初期端倪"到"豁然贯通"分为六个时期，并详细考证了朱子所研习的22种经学著作的起始、成稿过程，从而使人们可以通观朱子对经学的用功之处。其中，吴其昌还特别运用图表法，分别就四书、五

---

① 《民国时期的两部儿童读物:〈朱子〉》,《朱子文化》2012年第6期。
② 王蘧常:《吴子馨教授传》,《国文月刊》1946年第45期。
③ 乐爱国:《"理学而尚考据"——民国学人吴其昌的朱子学研究》,《江南大学学报》(人文社会科学版)2013年第12卷第2期。
④ 吴其昌:《文哲季刊》1940年第7卷第1期。

经的细目制成师徒渊源表，使人对朱子经学传承的统系一目了然。图表之运用与统系之记述是他非常提倡的，虽然师友渊源之表由来已久，如《伊洛渊源图》，但中国人对图表并不重视，鲜有流传下来。当初吴康斋见到《伊洛渊源图》时，"慨焉慕之，由是益发愤向学"，因此，图表在明了师承、继承先志、启迪后学方面有着不容忽视的作用，吴其昌在此文中列出图表，也正体现了这一用心所在。

吴其昌于朱子学方面的积累，在纪念朱子诞辰八百周年之际也有一次集中体现。他发表了《朱子之根本精神——即物穷理》《朱子治学方法考》这两篇文章，详论了朱子的格物致知论和朱子治学的态度与方法，更为可贵的是吴其昌非常重视朱子对于古籍文献的"鉴别真伪"，对朱子有关古籍辨伪的大量语录进行了整理，列成表格，使人一目了然。并在《朱子之根本精神——即物穷理》一文中回应当时针对中国没有科学的论断，指出朱子为学有实验的精神，"其所据以证验之方式"，是"中国稚弱的原始的科学思想之种子"，不幸，"南宋所谓'理学家'者，无一具晦翁之头脑，相率而误入歧路，复归于清淡。……故'格物'之说，痛斥于明人，'辟伪'之论，深恶于清儒，使此曙光曦微之道路，及朱子身殁而复塞……使当时能循此道路，改进之，发挥光大之，则此八百年中，当有无数十倍、百倍、千倍朱子其人者诞生，则中国科学之发达，又安知必不如欧洲哉！"[①]

吴其昌的朱子学研究是以考据相关文献史料为主展开的，是"民国时期朱子学研究的一大特色"[②]，此方法亦运用于对整个宋明理学的研究。其中最重要的表现就是对宋儒佚书的搜集整理和相关史料的考证。

吴其昌青年时就开始搜集宋儒佚书，1926年在《国学年刊》发表了《抱香楼校辑宋儒佚书序目》，其中包括《横渠佚书》和《朱子外集》。1924年吴其昌去桂林途中，因读《鹤林玉露》看到有朱熹的佚文，由是便开

---

① 吴其昌：《朱子之根本精神——即物穷理》，《大公报》1930年第146期。
② 乐爱国：《"理学而尚考据"——民国学人吴其昌的朱子学研究》，《江南大学学报》（人文社会科学版），2013年第12卷第2期。

始搜集朱子佚文。1927年又发表了《朱子著述考（佚书考）》。在吴其昌看来，吾辈应当昌明圣贤之道，宋时"天下学者以不知二程、横渠为耻"，而到吾辈手中，先贤遗书却散佚失次，吾辈岂能置之不理，"是岂非吾曹之过与？因为只辑其放佚，纂其卷目，私自检藏以待质正，后有君子，得考览焉"。① 在吴其昌这篇文章之后，1932年，有牛继昌在《师大月刊》上发表《朱熹著作分类考略》，1934年，有金云铭在《福建文化》上发表《朱子著述考》，1936年，白寿彝关于朱子易学类著作有数篇先后发表，及至六七十年代，尤其是九十年代关于朱子著述考的文章大量涌现，而吴其昌在这方面有开创之功。

为撰写宋元哲学史，吴其昌做了大量的史料准备，后结集为《宋代哲学史料丛考》，这也是理学考证的文章。《宋代哲学史料丛考》包括12篇短文（其中《明程资刻本朱程问答三卷跋尾》于战乱中丢失，仅存目录），也"是后人研究宋史学术的有力之作"②。

总之，吴其昌对理学的研究开辟了新的思路，从考据入手，厘清歧解和误解、避免以讹传讹之弊，进而更恰当地挖掘义理，阐释思想。这样的研究思路和方法在今天同样有借鉴意义。

吴其昌"于两宋政治之隆污，学术之嬗衍，文教之升降，尤为尽心。即其间之名物、制度、人士、典册，最之易忽略者，即叩之无不了辨如响"。③ 因此，其研究范围除理学外，还有地理学、天文学、田制史等。

就地理学而言，近代随着西学的输入，西方地理学译注也随即传入，1896年，梁启超所作《西学书目表》中便介绍了西方地志史方面的著述，还对当时出版的部分地理学译注进行了评价。另外，民国时期在很多大学都已设立了地理一科，更有一批地理学的研究者推动着地理研究的发展。如张相文在1909年组建的中国地学会，这是中国第一个地理学术团

---

① 吴其昌：《国学年刊》1926年第1期。
② 黄阿娜：《吴其昌生平及其学术考》，《祖国杂志》下月刊（建设版），2012年第11期。
③ 刘盼遂所言。见侯璵、刘盼遂：《清华学校研究院同学录中之吴其昌小传》，见吴其昌著，吴令华编：《吴其昌文集》（五），第348页。

体，1910年又出版了会刊《地学杂志》。当时中国也有了第一个地质学博士——翁文灏于1912年在比利时获得。还有丁文江、竺可桢都是民国时期专研地理的学者，还有同是清华园同学的王庸。因此，当时地理学的研究很是盛行，吴其昌对地理学的关注不仅注重相关的地理学知识，还与传统文化紧密相联。他著有文章《宋三京图考》《宋代之地理学》。《宋三京图考》一文考究了中国地理学之源起、中国舆图的发展，并且详考古今州县之沿革来参证地理书籍中抽象的记述，是研究古代地理学的有代表性的一篇文章。该文的一大特点便是绘成了宋三京图两种：一种是根据《元丰九域志》《太平寰宇记》二书所记述的四至八达，及州邻相距之里数绘成；一种是从事实上考证古今州县的沿革而绘成。立足点完全不同，而所绘出的两种图却大致相同，这也令吴其昌感到惊奇。另外，此文虽然是考宋代三京图，但吴其昌的用意并不只限于宋代，更不只限于宋之三京，他是想根据中国古代地理学书籍中抽象的叙述来推测当时实际的形势，并补绘成图案，使得古代地势的概略、疆域的沿革清晰可见，对研究历史有着重要的意义。

就天文历法的研究而言，在国学院学习期间，吴其昌还发表了诸多天文历法方面的文章。有《三统历简谱》《两宋历朔天文学考》《殷周之际年历推证》《新城博士〈周初之年代〉商兑》《汉以前恒星发现次第考》《敦煌石室唐武德四年写本〈星占残卷〉跋尾》《明程荣〈汉魏丛书〉本〈星经〉跋尾》（上、下）、《清王谟重辑汉唐地理遗书钞本〈星经〉跋尾》，其中后四篇集为《〈星经〉四种跋尾》，于1931年发表。在天文历朔方面，吴其昌也有自己的认识。他指出，自古天文历朔是不分离的，但到两宋，这一现象发生了变化，历朔之学在两宋无甚发展，而天文学与历朔之学分离，取得了巨大进步，在中国天文学史上有空前绝后的发明。于是，在《两宋历朔天文学考》一文中，将两宋时期历朔、天文学的盛衰变迁得失之源流加以考察，探究两者分离的原因及天文学的发展，明晰了天文学是自宋代开始取得了一独立学科的地位。

这一时期，吴其昌还因"三一八"惨案而写就《宋代学生干政运动考》

一文，这是最早的研究古代学生运动之作。在作此文时，吴其昌显然已经对"三一八"学生运动进行了反思，由宋时学生运动不仅看到了学生自身的问题，也看到了宋时君主、长官之保护、援助的态度，以及奸邪尚知畏惧的心理，而这在当今当朝者身上却看不到。在文末，吴其昌不厌其烦地列出了可考的参加政治运动的学生的名单。这既是对先贤懿德懿行的铭记，也是对后辈学生担当天下之责的激励。

（二）任教时期的学术研究

毕业后，吴其昌相继在南开大学、辅仁大学、清华大学、武汉大学任教，此后半生的研究主要集中在甲骨金文方面，有着辉煌的研究成果。代表作主要有《丛碎甲骨金文中所涵殷历推证》《驳郭鼎堂先生〈毛公鼎之年代〉》《卜辞所见殷先公先王三续考》《殷代人祭考》《矢彝考释》《殷虚书契解诂》《金文历朔疏证》《金文世族谱》《金文名象疏证》《金文名象疏证续》《中国家族制度中子孙观念之起源》《金文氏族疏证初稿》（因战乱遗失）等；还有拟撰而未成者有《金文方国疏证》《金文职官疏证》《金文礼制疏证》《金文习语疏证》等若干种，其治卜辞金文向为世人所推重。

早在国学院时期，吴其昌就开始注意甲骨金文方面的研究，当时跟随王国维先生学习，在此方面自有不少认识。当时便作有《殷周之际年历推证》，后来任教期间又由于自己讲授古史，于是尽读殷契遗文，在这方面的研究成果逐渐丰富起来。前文已经讲到，吴其昌整理发表过王国维先生《古史新证》讲授记，这是 1925 年秋，王国维给清华国学院学生所讲的课程，并在其中正式提出了"二重证据法"，吴其昌和国学院同学徐中舒是最先对其师"二重证据法"进行总结与继承的。[①] 这一方法也成为吴其昌研究甲骨文、金文的重要方法。在对甲骨、钟鼎彝器上的文字、铭文进行考定的过程中，吴其昌不仅注重考察文字发展之演变，还留意弥补古代典籍中所缺之史、证实古代典籍中的相关记载，以及相关制度

[①] 参见陈荣军：《吴其昌古文字研究与二重证据法》，《常熟理工学院学报》（哲学社会科学版），2011 年 11 月第 11 期。

之沿革。因此，吴其昌对甲骨文、金文的研究，一方面注重对文字的考释，一方面注重对古史的研究。

1. 文字考释

1936年《金文名象疏证·兵器篇》对"王"字的考释可谓有独到的认识。他发现"王"的本义是"斧"[1]，自古以来对"王"字的构成众说纷纭，吕大澂言"地中有火"，"象火奕奕有光"。[2] 吴其昌认为这是倒因为果。他根据丰王斧等诸多青铜器的铭文和器形，结合甲骨文的写法，从八个方面加以论证，第一次提出"王字之本义，斧也"，使这一问题有了定说。

李学勤就此也讲到，从《兵器篇》"足以看出他别辟蹊径，由古文字的象形会意，探索造字本源及器物原始，实能发前人所未发。这一论著发表在抗战前不久出版的武大《社会科学季刊》，也是很少人能读到的，其中有些见解与近年考古学界的看法相类同"。[3]

1934年，在国立武汉大学《文哲季刊》上连载的《殷虚书契解诂》，是甲骨研究史上一部颇有影响的重要著作，此书从罗振玉所辑《殷虚书契》中选取了255片甲骨所载文字，进行字斟句酌的考释与分析，有很多创见，是吴其昌的代表作之一。比如吴其昌发现了"河亶甲"一名，详细论证了河亶甲在殷商世系中的位置，以及"亶""河"之由来。还从甲骨中最早认出雍己，是很有创造性的发现。陈梦家在五十年代所作的《商王庙号考——甲骨断代学乙篇》一文中还讲到了吴其昌此番考定的贡献："1933年郭沫若的《卜辞通纂》和董作宾的《断代例》，对于殷王世系名号更有了进一步的认识。自此以后，学者间重要的补充，并不太多，较著者为吴其昌对于雍己的认定……"，"吴其昌先生最先证明他是雍己"。[4] 此说也得到郭沫若的赞同，在郭沫若的《殷契粹编》中考释"雍己"时

---

[1] 吴其昌：《金文名象疏证·兵器篇》，第41页。
[2] 吴其昌：《金文名象疏证·兵器篇》，第41页。
[3] 李学勤：《吴其昌文集·序》，《吴其昌文集》，太原：三晋出版社，2009年。
[4] 此二处引文引自陈梦家：《商王庙号考——甲骨断代学乙篇》，《考古学报》1954年第八期。

说"吴其昌释为雍己，其说可从"。① 此说也使一直有所困扰的董作宾"恍然如有所释"，② 他在《论雍己在五期背甲上的位置》一文开篇就讲道："吴其昌先生作《殷虚书契解诂》，旁搜博证，洋洋洒洒，蔚为大观，工力之勤，为并世治契学者所不及。在《解诂》中发明的新义尤多，'雍己'之认识，即其一端。近来理第五期祀典，由先祖的系统，更可以很确实的考定'雍己'在五期背甲下卜祀的位置，为吴氏一有力之证。"③ 一扫学界向来之迷雾，其贡献所在已可见一斑。

2. 历法推证

吴其昌很早就开始了对殷商历法的研究，执教期间更是在这方面花费了主要的精力。除前文所提篇目外，1929 年 12 月，还发表了《金文历朔疏证》。1931 年，郭沫若发表《毛公鼎之年代》，驳吴其昌《殷周之际年历推证》和《金文历朔疏证》二文，吴其昌于此年写就《驳郭鼎堂先生〈毛公鼎之年代〉》，1932 年又相继写作《金文疑年表》《人器经纬表》《王号表》《诸侯王表》等，进而增补《金文历朔疏证》，发表《金文历朔疏证续补》。后于 1934 年将《金文历朔疏证》和《金文历朔疏证续补》两篇删复增益为《金文历朔疏证》，同时将此前所作诸表一并收入，并附有《驳郭鼎堂先生〈毛公鼎之年代〉》，于 1936 年在商务印书馆出版。

《金文历朔疏证》一文的影响着实不小，后将诸篇结集成书的《金文历朔疏证》是"研究三代青铜器铭文中的历法问题的第一部专著，亦为吴其昌治金名著之一"④，是吴其昌研究殷周历法的最有代表性的著作。2004 年，此书作为《国家图书馆藏金文研究资料丛刊》第一册，由北京

---

① 郭沫若：《殷契粹编》，北京：科学出版社，1965 年，第 410 页。
② 董作宾：《论雍己在五期背甲上的位置》，国立中央研究院历史语言研究所集刊编辑委员会（民国）编辑：《历史语言研究所集刊第 8 册》，北京：中华书局，1987 年，第 458 页。
③ 董作宾：《论雍己在五期背甲上的位置》，国立中央研究院历史语言研究所集刊编辑委员会（民国）编辑：《历史语言研究所集刊第 8 册》，北京：中华书局，1987 年，第 457 页。
④ 刘正：《吴其昌及其〈金文历朔疏证〉》，《南方文物》2012 年第 3 期。

图书馆出版社（现更名为国家图书馆出版社）出版。该出版社给予了此书很高的评价，指出它"奠定了后代金文年代专题研究的基础"，并且该著作"至今仍具有较高的文献价值和学术价值"。[①]

《金文历朔疏证》一文中，吴其昌指出："考宗周史料，最古最真最可为要者，莫如彝器。""欲考宗周一代文献故实，彝器文字当局首位。"[②]而对彝器铭文的考定首先就是要考定时间，吴其昌将留传于今的大约二千七八百件古彝器按照记载年月的详略分为五种，其中年、月、朔望、干支四种全有记录者有四十四器，只记录其中三种者有九十九器，只记有两种者约四十器，只记有一种者约二十五器，而均未记录者约三十器。又将这五种之中每一种的不同情况分为若干类，可见其考定的工作量之巨、用心之诚。在研究彝器铭文时，他的具体方法是：

> 如能于传世古彝数千器中，择其年，月，朔，望，干支，全记不缺者，用《四分》、《三统》、《殷历》推算五、六十器，确定其时代。然后更以年，月，朔，望，干支四者记载不全之器，比类会通，考定其时代，则可得七八十器矣。然后更以此七八十器为标准，求其形制刻镂文体书势相同者，类集而归纳之，则可得百器外矣。然后更就此百余器铭识上载记之史实，与经传相证合，则庶乎宗周文献略可取征于一二矣。

此文及之后收入《金文历朔疏证》一书中的诸篇就是按照此法来做的。这里也涉及一个断代的标准问题，吴其昌根据铭文所能查得的历法进行断代研究，同时如上段所引，根据已经确定年代的彝器，按照形制文体书势等进行会通类比，再参之以史料典籍，从而考定此器所处时代；另外还根据观念出现的时间来断定。在《中国家族制度中子孙观念之起源》一文中，就对"子孙"观念最初出现作了考定，指出殷器中无子孙连用

---

① 见《金文历朔疏证》出版说明，吴其昌：《金文历朔疏证》，北京：北京图书馆出版社，2004年。
② 吴其昌：《金文历朔疏证》，《燕京学报》1929年第6期。

的铭文，周公时始出现，这也是他考定师旦鼎为武王元年之器的依据之一。可以说"吴其昌建立了完整的西周铜器断代的标准和具体操作方法"①，宋代学人如吕大临等人已经利用"三统历"和"太初历"的知识开始寻求分期断代这一问题的解决，到了吴其昌所作《金文历朔疏证》②，"才算取得了一项可以称之为阶段性的成果"，他"开启了这一研究领域的先河"。③

就历法问题吴其昌与郭沫若两人也有一段往来商榷。针对吴其昌所作《殷周之际年历推证》和《金文历朔疏证》一文，1931年郭沫若发表了《毛公鼎之年代》对吴其昌提出疑义。吴其昌读到郭沫若此文后，作《驳郭鼎堂先生〈毛公鼎之年代〉》④一文，感谢郭沫若之盛意，认为"学术正赖如是互相纠正乃得进步"，详尽回应了郭沫若之说。对郭沫若提出的有益意见诚心接纳，指出"举趞曹第二鼎，以证龚王之有十五年，其昌实所心服"⑤，并据此纠正了自己的历谱。对于在实证中证实了的正确观点，依然坚持自己的意见，就郭沫若否定其所制历谱，表示不赞同，并以实例详加说明。对于毛公鼎的年代，吴其昌从语言文字、历史事实、形制花纹诸方面进行比勘，认为毛公鼎为成王时器，不同意郭沫若认定的宣王时器。关于毛公鼎年代的问题，随着出土文献的日益增多，可资借鉴的材料增多，现在学界所持观点基本为郭沫若先生的意见。但吴其昌先生当年对毛公鼎年代的探讨，在当时掌握的材料下做出那样的成果已属不易，其致思理路、研究方法仍有借鉴意义，与郭沫若的往来商榷，更见其虚心向学、踏实严谨的学风。

3. 殷周历史

1932年在纪念王国维先生逝世五周年时，吴其昌完成了《卜辞所见

---

① 刘正:《吴其昌及其〈金文历朔疏证〉》,《南方文物》2012年第3期。
② 这里指结集诸文的《金文历朔疏证》一书。
③ 刘正:《吴其昌及其〈金文历朔疏证〉》,《南方文物》2012年第3期。
④ 此文作于1931年，发表于《东方杂志》1933年第30卷第23号。
⑤ 吴其昌:《驳郭鼎堂先生〈毛公鼎之年代〉》,《东方杂志》1933年第30卷第23号。

殷先公先王三续考》，此文正是继续其师未尽之业，将王国维《殷卜辞中所见先公先王考》和《殷卜辞中所见先公先王续考》两文所关注的问题更加推进了。此文从五个方面推进了先师王国维的研究：一为有龟契与经典传说相密和，而先师所未及勘者；一为有龟契所著先公之名，经典固早已遗轶，而且为先师所未补出者；一为先师等以为经典中所见某殷先公先王名绝不见于龟契，今勘定，得其确，消除千年积误者；一为已经先师勘定为一，而未谂其故，今参稽金文、群籍，而得其确解者；一为已经先师考定其果，而未详其因，今可解惑而弥补遗憾者。① 这篇文章内容的考证是直接运用二重证据法来进行的，可以说是对先师之法的直接继承。

《殷代人祭考》一文，吴其昌先生以甲骨所载，辅之以周代铜器上的史料，并反观古经典群籍上零碎难解的专有名词，阐明了殷代人祭制度的大概和沿革。这篇文章有两点结论值得关注：一为人祭制度在殷代的确存在并非常盛行，到了周代开始被革除，这一变化与农耕的出现有关系；二为吴其昌于《周易》爻辞和《皋陶谟》中的只言片语里发现了虽然周代已经不用人祭，但殷商之子孙却还保有前朝的旧制度，并未完全中断，得见此惨无人道的制度却延绵数百年。"故宗周及成周两代，商人'人祭'之风，仍必继续不断，特史料尽亡，在今日未由考见耳。然亦有……偶印一鳞一爪于史料上者"，可见吴其昌爬梳史料之细致，常能于大家最熟知的史料中发现新的问题，这一发现也牵动了吴其昌的悲悯之心，他讲到"无量数怨魂冤血，仅藉此数片甲骨，得未泯拭……如闻啾啼，悲夫！"② 文末，吴先生注明此文是写于"倭寇屠辽后七月"，此当指"九一八"事变，而死于敌人屠刀下的无辜百姓和无辜死于人祭的人们应当都引发了他的悲愤之心吧。

还有《中国家族制度中子孙观念之起源》一文，考定"子孙"一词，既明确了古代宗法制度的根据，又对古文化史的研究做出了贡献，用吴

---

① 参见吴其昌：《卜辞所见殷先公先王三续考》，《燕京学报》1933年第14期。
② 吴其昌：《殷代人祭考》，《清华周刊》1932年第37卷第9、10期。

其昌的话说就是"吾国古文化史上之一大枢键矣"。①

同时,吴其昌在清华大学、武汉大学讲中国文化国民经济篇田制章时还写过数篇田制史方面的文章。主要有《秦以前中国田制史》《北魏均田以前中国田制史》《宋以前中国田制史》《宋元时代中国田制史》《甲骨金文中所见的殷代农稼情况》。田制学本不是吴其昌学术研究的主要方向,但"田制学是吴其昌学术不可忽视的重要内容之一,其对中国历代田制的研究不仅局限于古史的记载,更重于对遗留金石甲骨的剖析,较于前人甚至同时代的论述有其独特的一面"。②

当然,吴其昌学术的研究还涉及上古音韵学方面,比如《说梠楣声例》《先秦入声的收声问题》《来纽明纽古辅音通转考》等。

综观吴其昌学术研究之历程,可见其治学之勤、用力之笃。勤勉之中又始终坚守"诚恳"之心,"求真"之旨。他所作著述,皆能不诬其言,每一论断决不臆断妄下,如无根据,则付阙存疑。在《矢彝考释》一文中,就洛阳新出土的矢彝二器和矢敦一器参以此前诸器,对铭文进行考释,然其中有一处"铭下一'册'字,器铭两旁两'册'字,更不知其义所在,未敢妄说,仅能连缀比次,以待方雅君子云尔"。③在《〈渐西村舍丛书〉本〈卫藏通志〉跋尾》(上)文中,就《卫藏通志》作者进行考证,虽举相关史料认为此书为《西藏赋》作者和宁所作,而且二书作于同时,因此当时只在《西藏赋》注明了作者,但之后被人分而二之,其中据李恢垣讲《西藏赋》为陈兰甫寄给他的,所以"因举寄李氏,遂致分散也",但"此说尚无佐证,不敢质言矣"。④还有在《驳郭鼎堂先生〈毛公鼎之年代〉》中,对于郭沫若所说毛公鼎的年代,吴其昌讲道:"其昌服从事实

---

① 吴其昌:《中国家族制度中子孙观念之起源》,《女师大学术季刊》1930年第1卷第3期。
② 黄阿娜:《吴其昌生平及其学术考》,《祖国杂志》下月刊(建设版),2012年第11期。
③ 吴其昌:《矢彝考释》,《燕京学报》1931年第9期。
④ 吴其昌:《〈渐西村舍丛书〉本〈卫藏通志〉跋尾》(上),《清华周刊》1929年第30卷第10期。

真理立论，决不谓然。"①

他在为高亨《诸子今笺》作序时，便总结到，中华民族自古以来，先师先哲于学风因革中，万变不易的宗义就是"求真"。②而高亨作《诸子今笺》，正值日军侵略东北，全家陷于战乱之际，报国无路，退而创此巨著，吴其昌亦感慨万分，更以秉承"求真"之风作为自己应有的责任，与高亨共勉："于尚未上马杀贼之前，秉吾中华民族一千年来先师先哲求真之学风，不敢缅越，不敢偷懈，滴坠露于长流，增轻尘于崇越，此殆余与晋生今日之责也夫！"③于是，吾辈当于圣人之经法，推求圣人之真义，从而淑世觉民，以切近身心家国之大端矣。

我们亦可从其学术研究中窥得吴其昌的文化观。吴其昌认为挽救国家于危难，当从文化入手，而新的时代需要新的文化。面对中国的内乱，吴其昌就讲道："中国是已经走到一个新的时代，而没有一种新的文化来适应他，安得不乱！"面对列强的入侵带来的危机，他讲道："中国的危机，……不必是丢了东三省才感觉得到。……如果不是从根本上去谋培养，即使用飞机大炮把东三省夺了回来，将来还是要丢。"④从根本上培养的就是新的文化，而新文化的产生要自然成熟地产生，不是刻意为了创造而创造。因此，吴其昌认为新文化的倡导不是复古和西化的问题，也不是西化应该全盘还是局部的问题。1935年1月10日，著名的"一十宣言"，表达了十教授关于建设中国本位文化的观点。吴其昌对这个宣言是"十分中心共鸣"⑤的，但他不太赞同"中国本位"的说法。他认为，文化不必有地方本位，而是应当以中国的复兴为本位。所以，为了中国的复兴，

---

① 吴其昌：《驳郭鼎堂先生〈毛公鼎之年代〉》，《东方杂志》1933年第30卷第23号。
② 吴其昌：《〈诸子今笺〉序》，见《子馨文在》，《近代中国史料丛刊续编第八十一辑》，沈云龙主编，台北：台湾文海出版社，1978年，第501页。
③ 吴其昌：《〈诸子今笺〉序》，见《子馨文在》，第501页。
④ 吴其昌：《民族危机的认识和救国的治学的态度》，《国立武汉大学周刊》1933年第145期。
⑤ 吴其昌：《开国的建国的根本精神》，《国立武汉大学周刊》1935年第234期。

我们"既不是'读经救国',也不是'骂经救国'"。①无论中西古今,凡是好的,有益于文化发展、国家进步的就应当采用。于是,我们可以看到,吴其昌进行学术研究,是在家国天下的情怀下展开的,一方面致力于对中国文化的发掘阐释,一方面将西方的科学方法运用其中,为中国文化的复兴和中华民族的复兴鞠躬尽瘁。

总之,吴其昌生活的时代是新、旧,中、西,激进、保守,侵略、反侵略等社会思潮相互激荡的时代,在这样的思想潮流中,更需要学者们保持独立的思想,能够以冷静的态度审视文化的发展和祖国的前途命运。陈寅恪先生用其一生践履了他所提出的"独立之精神、自由之思想",吴其昌同样是这一宗旨的践行者,他在《殷周之际年历推证》一文文末特别注明:"举世以不攻刘歆为不入时,以不敬外儒为不科学,我此文成,惟陈寅恪师、刘子植兄二人为然耳。"②于纷繁的思想浪潮中,能坚守自己求真、求实的为学为人之宗旨,实属难能可贵。

---

① 吴其昌:《开国的建国的根本精神》,《国立武汉大学周刊》1935年第234期。
② 吴其昌:《殷周之际年历推证》,《国学论丛》1929年第2卷第1期。

清华学校国学研究院学生名单
（清华大学档案馆馆藏）

注：图片中的星号标识为本书收录的传主，系编者所加

研究院历年学生名册

第二批 民国十四年至十五年

编号姓名	别号	籍贯	程度（以前履历）	研究学科	备注
一、刘盼遂		河南息县	旧生	诗经状词通释	
二、吴其昌	子馨	浙江海宁	新生	宋代学术史	
三、程憬	仰之	安徽绩溪	新生	想的唯物观上古哲学思想	
四、徐中舒		安徽怀宁	新生	古文字学	
五、余永梁	华廷	四川忠县	新生	古文字学	
七、王庸	以中	江苏无锡	新生	中西交通史	
八、刘纪泽		江苏盐城	新生	目录学之研究	

一〇.周傳儒	一一.	一二.孔	一三.方壯猷	一四.翁傳官	一五.王鏡第	一六.余戴海	一七.高 亨	一八.李繼熙	二〇.杜鋼百
書鈔	楊筠如 德昭								
	尚書	尚雲	桂筠		美朱	環當	舊生	憨祖	
四川江安	湖南常德	浙江平陽	湖南衡陽	湖南湘潭	浙江南化	河南淇縣	吉林瀋陽	河北林縣	四川廣安
本年新生	本年新生	本年新生	本年新生	本年新生	本年新生	本年新生	本年新生	本年新生	本年新生
中國近世外交史		尚書	說文文重文字學的研究	詩三百篇之文學的研究	春秋時代之男女關紀	宋元明清書院考	尚盞堂說之比較	詩經速緜字輯釋	伊洛經錄研究
								諸史中外國傳之研究	

★ ★

三九 馮國瑞	四一 楊鴻烈	四四 衛聚賢	四五 徐繼榮	四六 管致先	四七 黄綬	四八 姜寅清	四九 陶國賢	方壯猷	張立志
甘肅天水 新生	雲南晉寧 敘考 与入校	山西萬泉 新生	四川西充 新生	湖北 新生	四川西充 新生	雲南昭通 補考 入校	雲南昭通 補考 入校	湖南 旁聽生	
說文部首研究	中國法律發達史 補衛所補△	中國上古史	中國歷史學稿 比較退学	孟生七篇中之汪戴聯	中國歷代地方制度考	詩騷聯綿字	老子平議跋		

第四批 十七年至十八年

姓名	籍貫		
○裴占榮	河北棗縣	本年新生	
○徐景賢	江西臨川	本年新生	
○羅根澤	河北深縣	第三年留校生	
○蔣天樞	江蘇豐縣	仝上	半途離校
蔣天民	遼寧西豐	仝上	
儲皖峰	安徽績山	仝上	
張昌圻	四川富順	仝上	
○門啟明	河北安平	仝上	
○盋文徵	吉林舒蘭	仝上	

清华学校国学研究院第一届毕业生名单
（清华大学档案馆馆藏）

注：图片中的星号标识为本书收录的传主，系编者所加

民国十五年研究院毕业学生一览表

姓名	籍贯	姓名	籍贯
杨筠如	湖南 常德县	王啸苏	湖南 长沙县
余永梁	四川 忠县	阎 煬	湖北 蕲水县
程 憬	安徽 绩溪县	汪吟龙	安徽 桐城
吴其昌	浙江 海宁县	朱椿龄	直隶 盐山县
刘盼遂	河南 息县	杜钢百	四川 广安县
周传儒	四川 江安县	李绳熙	河南 林县
王 庸	江苏 无锡县	谢星朗	四川 拜潼县
徐中舒	安徽 怀宁县	余戴海	河南 淇县
方壮猷	湖南 湘潭县	朱鸿樾	湖南 浏阳县

陳城	黃浮伯 江蘇 南通縣	趙抑彥 浙江 諸暨縣	孔德 浙江 牢陽	蔣傳官 湖南 衡陽縣	姚名達 江西 興國縣	阿士驥 浙江 諸暨縣	劉紀澤 江蘇 鹽城	王鏡第 浙江 開化縣	馮德清 河南 信陽縣	高亨 吉林 雙陽縣　陳拔 江蘇 海門

全哲	朱廣福	顏虛心	馮國瑞	鍚鴻烈	衡聚賢			
湖南衡陽	江蘇泰興	廣東台山	甘肅天水	雲南晉寧	山西萬泉			
管斅先	黄綬	姜寅清	陶國醫	侯塏	朱芳圃			
湖北襄陽	四川西充	雲南昭通	雲南昭通	安徽無為	湖南醴陵			

趙邦彥	說苑疏證
黃淬伯	說文會意箋篇
王嘯蘇	說文會意字
聞㸌	辜庵賸稿
汪吟龍	文中子考信錄
史椿齡	孟荀教育學說
杜鋼百	周秦經學考　兩漢經學史
李繩熙	唐西域傳之研究　爾雅釋例匡謬
謝星朗	春秋時代婚姻的種類　左傳田邑移轉表
余戴海	春秋時代的戀愛問題
李鴻樾	春秋時代親屬間的婚姻關係
	孟荀學說之比較
陳拔	金文地名之研究
馮德清	顏李四書字義
	匈奴通史

二

国学研究院民国十五年度毕业生领取证书凭单
（清华大学档案馆馆藏）

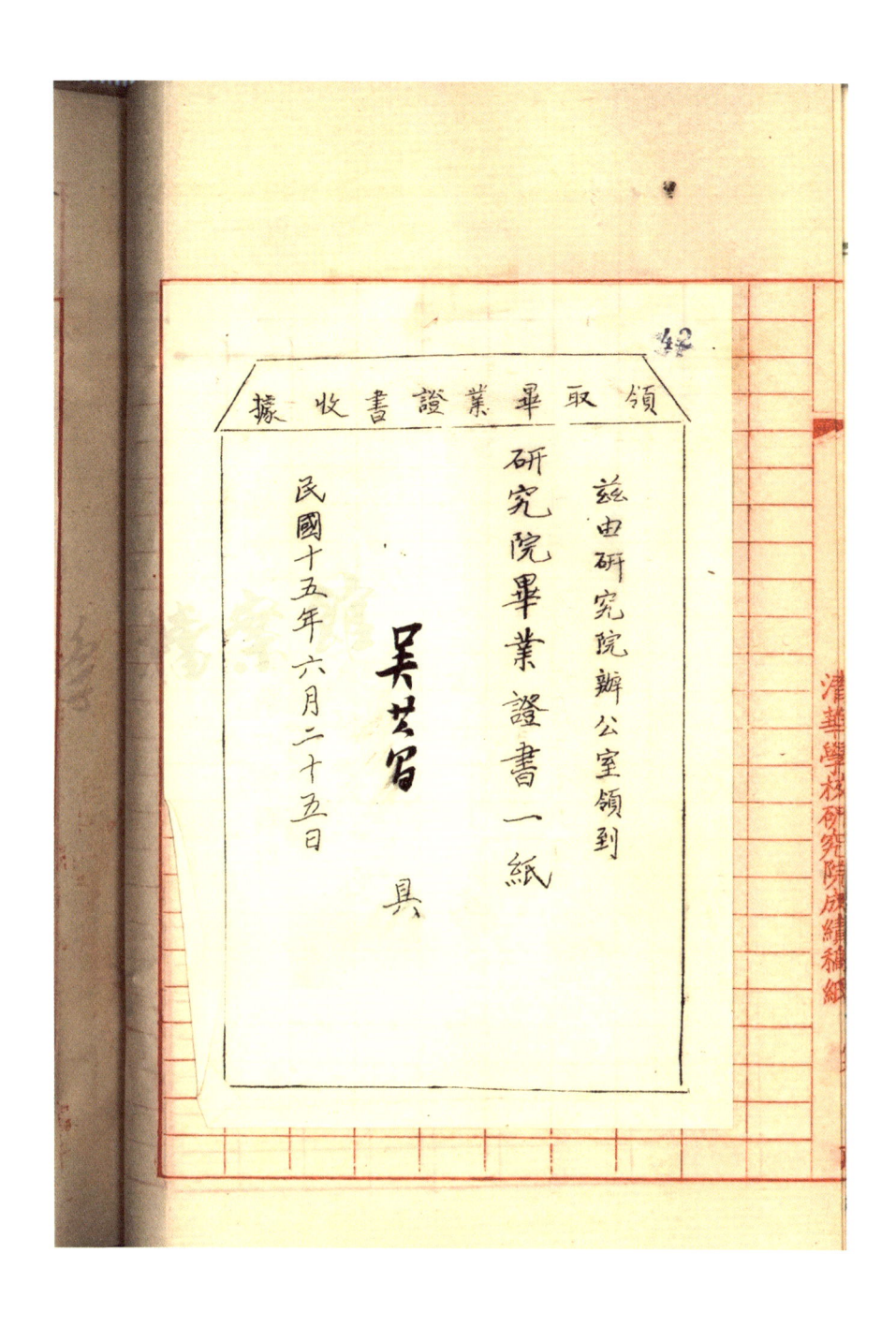

领取毕业证书收据

兹由研究院办公室领到
研究院毕业证书一纸

吴其昌 具

民国十五年六月二十五日

領取畢業證書收據

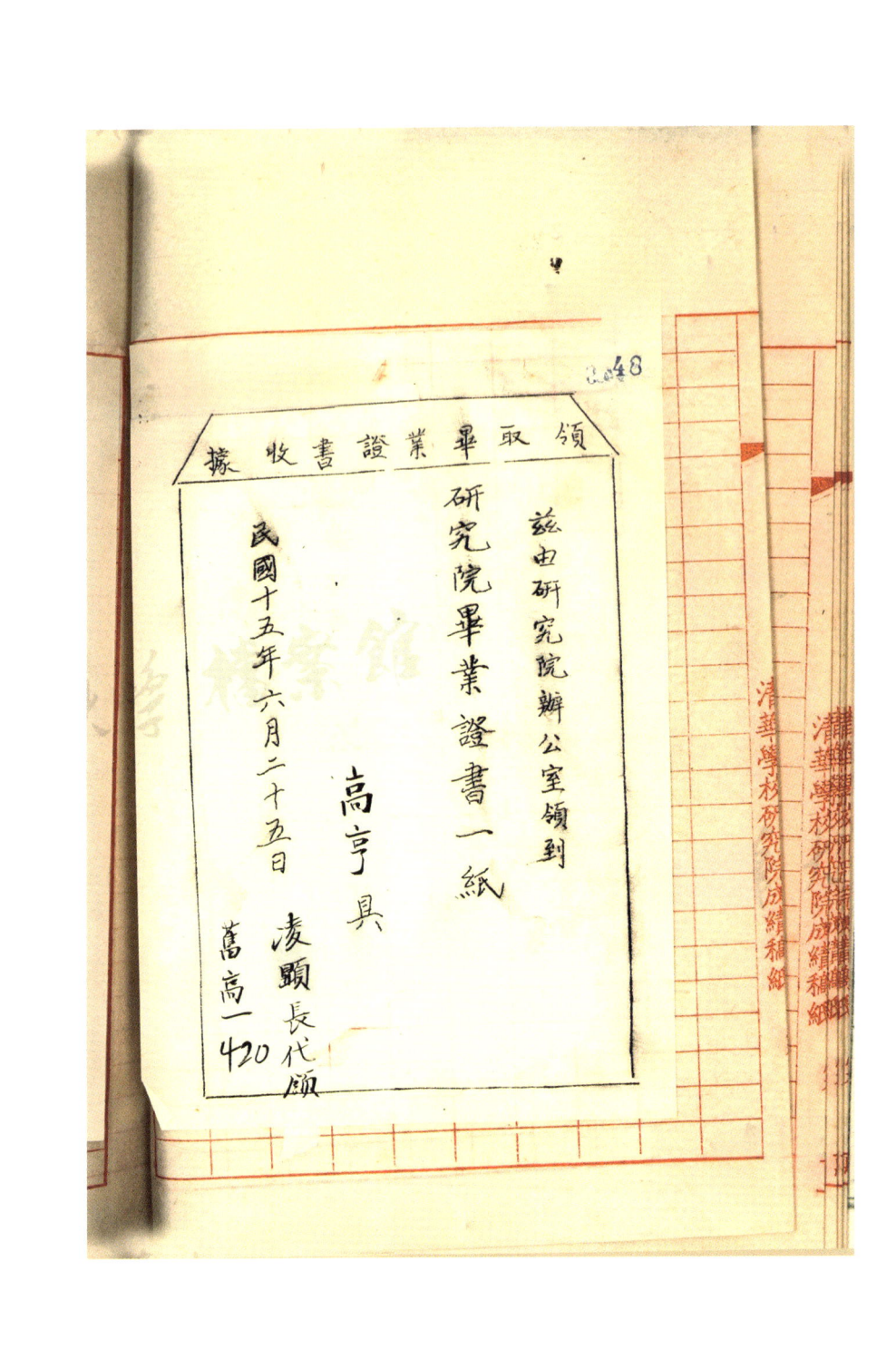

茲由研究院辦公室領到
研究院畢業證書一紙

高亨 具

民國十五年六月二十五日 凌顯長代領

舊高一420

国学研究院民国十六、十七、十八年毕业生领取证书收据
（清华大学档案馆馆藏）

注：图片中的星号标识为本书收录的传主，系编者所加

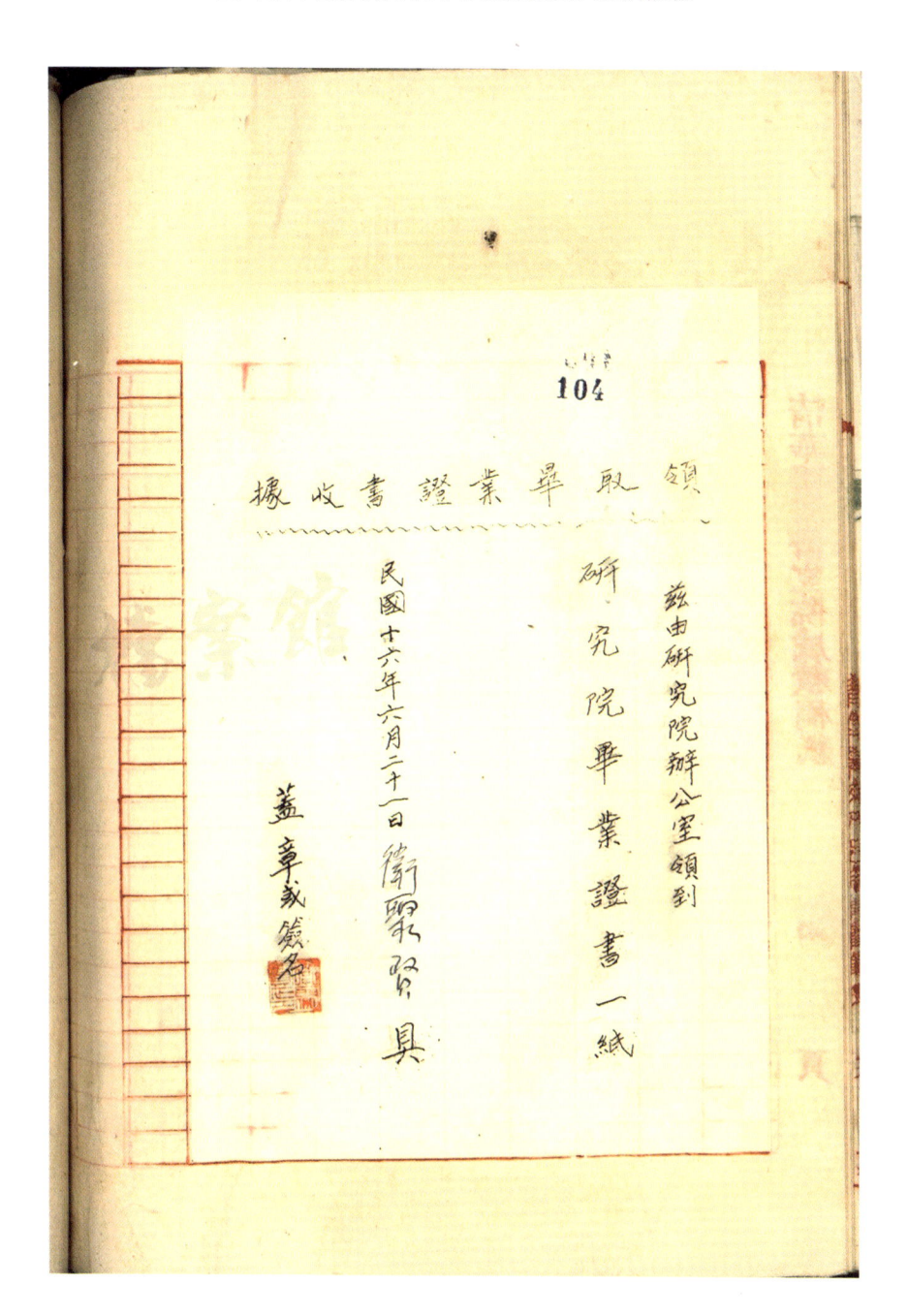

十六年畢業生未領證書人名表	劉盼遂	吳其昌	謝國楨	劉節	畢相輝	謝念灰	全哲	揚鴻烈	姜廣青
成績未繳還	未繳費	未繳費	賞未清	賞未清	賞未清	未繳賞	未繳賞	成績未繳還	成績未繳還

兹領到清華學校研究院十七年畢業證書一紙

羅根澤具

中華民國十七年十月三日

蓋章

收到研究院畢業
証書一紙

藍文徵 十二月六